本书得到贵州财经大学应用经济学重点学科的资助

特色农产品产业化及产业链治理研究

——以柴达木枸杞为例

汪延明　马得存　著

科学出版社

北　京

内 容 简 介

本书以柴达木枸杞为例，研究特色农产品产业化及产业链治理，共分为 12 章，通过实地调研的方式，探索枸杞产业链的协同治理、信任治理，揭示柴达木枸杞产业化面临的机遇、挑战，并借鉴国内外农业产业化的经验，研究特色农产品产业化与产业链治理，提出产业化对策与发展建议。本书非常注重内容的真实性、有效性，通过数据图表进行阐述分析，并进行实证研究。另外，在本书的最后还附有实地调研的相关问卷，以便读者阅读和借鉴。

本书既可以作为普通高等院校产业经济学、管理学专业本科、研究生教学参考资料，亦可作为该领域专家、学者科学研究的参考资料。

图书在版编目（CIP）数据

特色农产品产业化及产业链治理研究：以柴达木枸杞为例/汪延明，马得存著.—北京：科学出版社，2017.9

ISBN 978-7-03-054086-7

Ⅰ. ①特… Ⅱ. ①汪… ②马… Ⅲ. ①枸杞-产业发展-研究-新疆 Ⅳ. ①F326.12

中国版本图书馆 CIP 数据核字（2017）第 186998 号

责任编辑：马 跃 陶 璇/责任校对：王 瑞
责任印制：吴兆东/封面设计：无极书装

科 学 出 版 社 出版

北京东黄城根北街 16 号
邮政编码：100717
http://www.sciencep.com

北京京华虎彩印刷有限公司 印刷
科学出版社发行 各地新华书店经销

*

2017 年 9 月第 一 版 开本：720×1000 1/16
2017 年 9 月第一次印刷 印张：10
字数：201 000

定价：72.00 元
（如有印装质量问题，我社负责调换）

前　言

　　柴达木独特的地理气候条件，造就了色红、粒大、籽少、肉厚、大小均匀、无碎果、无霉变、无杂质的优质枸杞。以前，由于人工种植规模小，柴达木枸杞处于"养在深闺人未识"的状态。近几年，柴达木依托各项优惠政策，在枸杞的种植栽培上逐步实现了规模化，柴达木枸杞的产业化势在必行。本书选准这一时机，站在研究柴达木枸杞产业化的前列，充分应用比较优势理论、规模经济理论和竞争优势理论，论证具有独特资源禀赋的柴达木枸杞是怎样发挥规模效应，获得竞争优势，带动农民创汇增收的。

　　本书在写作中主要采用实地调研法、文献法和实证方法。通过深入青海省海西蒙古族藏族自治州（以下简称海西州）枸杞种植基地、相关企业、枸杞协会等进行实地调研，从微观、中观、宏观层面剖析柴达木枸杞产业化现状及现存的问题，围绕五个方面对柴达木枸杞产业化、产业链治理进行系统研究。一是调研柴达木枸杞，了解柴达木枸杞的种植环境、开发历史等。二是研究影响柴达木枸杞产业化发展的因素，分析、构建枸杞产业化影响因素理论模型，对数据进行描述性统计，并在此基础上检验模型的有效性。三是阐述我国新疆棉花产业化、内蒙古奶牛产业化、宁夏枸杞产业化及荷兰花卉产业化的基本做法及启示，以便我们更加了解及掌握国内外农业产业化发展经验。四是研究柴达木枸杞产业链延伸的意义，从协同治理、制度信任的角度进行研究。从产业链协同治理理论角度分析产业链治理现状，对协同治理相关研究进行梳理和概括，并分析柴达木枸杞产业链协同治理的机理及机制；从制度信任角度出发，介绍制度和信任的含义及关系，并介绍企业制度的建立及如何以制度建立信任，为枸杞产业链制度信任提供理论基础。五是研究柴达木枸杞产业化发展面临的机遇和挑战，并提出柴达木枸杞产业化发展思路，对柴达木枸杞产业化提出相关对策和政策建议。

汪延明　马得存

2017 年 5 月 12 日

前　言

　　柴达木独特的地理气候条件，造就了色红、粒大、籽少、肉厚、大小均匀、无碎果、无霉变、无杂质的优质枸杞。以前，由于人工种植规模小，柴达木枸杞处于"养在深闺人未识"的状态。近几年，柴达木依托各项优惠政策，在枸杞的种植栽培上逐步实现了规模化，柴达木枸杞的产业化势在必行。本书选准这一时机，站在研究柴达木枸杞产业化的前列，充分应用比较优势理论、规模经济理论和竞争优势理论，论证具有独特资源禀赋的柴达木枸杞是怎样发挥规模效应，获得竞争优势，带动农民创汇增收的。

　　本书在写作中主要采用实地调研法、文献法和实证方法。通过深入青海省海西蒙古族藏族自治州（以下简称海西州）枸杞种植基地、相关企业、枸杞协会等进行实地调研，从微观、中观、宏观层面剖析柴达木枸杞产业化现状及现存的问题，围绕五个方面对柴达木枸杞产业化、产业链治理进行系统研究。一是调研柴达木枸杞，了解柴达木枸杞的种植环境、开发历史等。二是研究影响柴达木枸杞产业化发展的因素，分析、构建枸杞产业化影响因素理论模型，对数据进行描述性统计，并在此基础上检验模型的有效性。三是阐述我国新疆棉花产业化、内蒙古奶牛产业化、宁夏枸杞产业化及荷兰花卉产业化的基本做法及启示，以便我们更加了解及掌握国内外农业产业化发展经验。四是研究柴达木枸杞产业链延伸的意义，从协同治理、制度信任的角度进行研究。从产业链协同治理理论角度分析产业链治理现状，对协同治理相关研究进行梳理和概括，并分析柴达木枸杞产业链协同治理的机理及机制；从制度信任角度出发，介绍制度和信任的含义及关系，并介绍企业制度的建立及如何以制度建立信任，为枸杞产业链制度信任提供理论基础。五是研究柴达木枸杞产业化发展面临的机遇和挑战，并提出柴达木枸杞产业化发展思路，对柴达木枸杞产业化提出相关对策和政策建议。

汪延明　马得存

2017 年 5 月 12 日

目　　录

第一章 绪 论

第一节 研究的背景及意义

一、研究背景

（一）国家实施退耕还林还草工程

2000 年 1 月，国务院西部地区开发会议将退耕还林还草列为西部大开发的重要内容。同年 3 月，经国务院批准，国家林业局、国家发展计划委员会、国家财政部联合发出了《关于开展 2000 年长江上游、黄河上中游地区退耕还林（草）试点示范工作的通知》，标志着退耕还林还草试点工程正式启动。青海省是实施退耕还林还草工程的主要省份，2000 年退耕还林还草工程在青海省各地的试点工程开始启动。退耕还林还草工程是为了进行生态环境建设，对坡耕地有计划、分步骤地退耕还林还草，并采取"退耕还林还草、荒山绿化、以粮代赈、个体承包"的综合性措施，在一定时期内，由国家无偿向农民提供粮食和苗木，为农业产业结构的调整提供发展空间，这也是青海省未来经济可持续发展的根本和切入点。按照青海省"以粮代赈"退耕还林还草实施规划，将柴达木地区列为青海省实施退耕还林还草重点区域，青海省有关部门提出了"东部沙棘，西部枸杞"的林业产业发展思路[①]。在全省由退耕还林工程带动起来的后续产业中，柴达木枸杞园于 2014 年已发展成为省内规模较大、实力较强、特色鲜明的产业基地。截至 2014 年底，已种植枸杞 28.07 万亩[②]，采果面积达到 21.65 万亩，采摘的鲜果产量达到 14 万吨[③]。此外，为了进一步提高柴达木枸杞的附加值，柴达木枸杞产业在大力开拓枸杞干果市场的基础上，进一步开辟出枸杞多糖胶囊、枸杞鲜果、枸杞茶叶、枸杞饼干等衍生产业链条，让青海高原绿色无污染的天然"红果果"真正变成带动农民致富奔小康的"金果果"。

（二）国家林业局提倡发展沙产业

沙产业是著名科学家钱学森专门针对广大西部沙漠干旱地区提出的，为我国

---

① 青海省人民政府办公厅. 关于促进枸杞加工产业发展的意见. 青政办〔2009〕196 号
② 1 亩约为 666.67 平方米
③ 数据来自柴达木枸杞网

西部经济发展描绘出了一幅美好的蓝图。开发沙产业是沙区发展林业的重要途径之一，他认为，沙产业就是在"不毛之地"的戈壁沙漠上搞农业生产。钱学森预言，"农、林、沙、草、海"五大产业将在 21 世纪掀起第六次产业革命。发展沙产业不仅可以促进生态环境的保护，而且可以带来可观的经济收入。青海省根据柴达木的自然地理条件，把枸杞产业作为重点发展的沙产业之一。因为枸杞是集生态效益、社会效益和经济效益于一身的优势树种，是防沙、治沙的优质品种之一，具有耐寒、耐旱、抗逆性强、成活率高的特点，特别适合在海拔高、光热条件充足、昼夜温差大的柴达木地区种植。自 2002 年开始，青海省结合"三北"防护林工程、退耕还林工程和防沙、治沙工程，在柴达木沙区数十个绿洲及周边，人工营造枸杞经济林，到 2014 年年底，共营造枸杞经济林 17.7 万亩，其中，80%已有产出。依托枸杞经济林发展起来的青海柴达木高科技药业有限公司年产值达 6258.2 万元，沙产业在当地农牧民收入中的比重达 34.3%。

（三）青海实施生态立省战略

2008 年青海省十一届人民代表大会一次会议上，宋秀岩省长在政府工作报告中强调：立足青海的基本省情和独特的生态环境，着眼于建设生态文明，大力实施以"保护生态环境、发展生态经济、培育生态文化"为主要内容的生态立省战略，同年在青海省省委十一届三次全体委员会上，首次提出关于"生态立省"的概念，并在 2008 年 1 月，青海省发展和改革委员会与有关部门和相关研究机构组成课题组，进行了长达 8 个月的调研，形成了 31 万字的青海省实施"生态立省"战略研究报告，对"生态立省"战略作了完整诠释和全面阐述①。青海省出台了《实施生态立省战略指导意见》，将分阶段、有步骤地加以推进。2009 年，重点启动"三江源国家生态保护综合试验区"建设，主要是加快做好"祁连山水源涵养区生态保护与综合治理"前期工作。在这项工作中，首先做好柴达木盆地、湟水流域和黄河阶地的生态保护与治理。其中，柴达木盆地生态环境的综合治理工程包括万亩荒漠化治理和 5 万亩还草等重点项目建设。建设的主要方向是：加强现有植被的保护与管理，以重要城镇、绿洲农业区和青藏铁路沿线为重点，建设骨干水利工程；推广节水灌溉技术；采取植物固沙、沙障固沙、引水拉沙，大力发展造林、种草；建立农田保护林网，改良风沙农田，合理开发水土资源，灌排结合，推广、普及旱作造林、节能技术和开发可再生能源等措施；增加沙区植被，发展沙产业，控制沙化面积。"计划在未来的 10 年间，在荒漠化地区完成人工造林 77 万亩，种植中草药及经济林 10 万亩，改良草场、治理黑土滩 1530 万亩，封山育草 570 万亩等。"（徐鸿伟，2000）

---

① 青海省发改委. 青海省国民经济和社会发展"十一五"规划纲要

（四）青海海西州大力发展特色农业

《青海省海西州国民经济和社会发展"十一五"规划纲要》指出："十一五"期间，着力培育无公害蔬菜、优质油菜籽种、枸杞、沙棘等一批柴达木特色农畜产品；要加快农牧业产业化进程，大力培育、扶持以农畜产品加工、储藏、销售为主，并且带动能力强的龙头企业，积极推行"公司＋基地＋农户"的产业化经营模式，不断提高农牧业产业化程度和农牧业生产效益；要加强农牧业科学技术的推广和应用，在优良品种引进、培育推广、病虫害防治、先进实用技术和科技成果转化等方面取得新进展，不断提高农牧业科技含量；大力发展集约型、规模型和效益型农牧业，走科、工、贸一体化的路子①。

2008年，海西州不断调整和优化农牧业结构，大力发展订单农牧业，加大基础设施投入力度，特色农牧业渐行渐强。在产业结构优化调整方面，按照"西部枸杞、东部马铃薯、城郊蔬菜、基地养殖"的思路，加强对农牧业结构调整和生产布局的指导，2008～2009年，海西州共投入2760万元用于扶持和发展柴达木枸杞产业，政府无偿提供枸杞苗木和技术指导，种植户投资、投工、投劳等方式进行枸杞基地的建设，使全州48万亩农作物中，2009年枸杞种植面积继上年新增6.72万亩，特色作物比例达到79%，较上年增加6个百分点；在产业化经营发展方面，按照以产业化经营发展农牧业的思路，投入产业化资金900万元，重点支持青海柴达木高科技药业有限公司、青海藏源食品有限公司等省州级农牧业产业化龙头企业搞好农畜产品加工转化，引导155个专业合作组织规范运作，推进茶卡活畜和德令哈枸杞交易市场建设，促进了产业化经营带动能力的提升②。截至2015年底，柴达木枸杞种植面积达到30万亩，同时建立了5000亩种苗繁殖基地，并完成15万亩枸杞有机食品基地的认证。柴达木枸杞的深加工率达70%以上，枸杞果酒的生产能力达3000吨，枸杞粉产量达1500吨，枸杞浓缩汁接近1000吨。同时，枸杞芽茶、枸杞黄酮和枸杞籽油等系列产品也将形成规模化生产，枸杞产业年销售收入达15亿元，成为青海省名副其实的优势产业。

二、研究目的及意义

（一）研究目的

青海省实施"退耕还林还草工程"、发展"沙产业"、实施"生态立省"战略，以及海西州大力发展"特色农业"，这些客观的因素和条件都为柴达木枸杞

---

① 青海省海西州州委、州政府. 青海省海西州国民经济和社会发展"十一五"规划纲要
② 青海省海西州政府办公室、州委办公室. 海西信息. 2008，2009

产业化的发展奠定了很好的基础，使柴达木枸杞种植面积迅速扩大。现已形成的规模化种植，促使了柴达木枸杞必定走产业化之路，并在各级政府的大力倡导和组织下，柴达木枸杞产业化根据已制订的规划开始启动。本书就是在这样的背景下，根据柴达木枸杞产业化已面临和即将面临的主要问题，旨在积极探求柴达木枸杞在产业化过程中科学、合理、生态的发展之路，为政府和有关部门提供科学的决策依据，对柴达木枸杞产业化起到积极的促进作用。

（二）研究意义

1. 理论意义

柴达木枸杞产业化的理论意义主要包括以下两点：一是本书以比较优势理论、规模经济理论、竞争优势理论为指导，结合柴达木枸杞产业化存在的问题，根据国内外产业化的启示，为柴达木枸杞产业化提供理论支撑，为政府、企业的决策提供依据和合理性的建议；二是通过柴达木枸杞产业化实践，以实证证明比较优势理论、规模经济理论、竞争优势理论是产业化理论的主要组成部分，并完善和充实产业化的理论体系。

2. 现实意义

（1）能够增加农牧民的收益，改善农牧民的生活。枸杞产业化在龙头企业和农民枸杞协会的组织带动下，必然会促使枸杞科学化、标准化、规范化种植，拓展产业链条，使农民的生产成本和经营风险降低，从而提高农民收益，改善农民生活。

（2）能够发挥规模效益，拓展枸杞产品市场。柴达木在现有的家庭联产承包责任制的基础上，形成了以村、乡、县、州为格局的大规模生产，枸杞产量大幅提高，有利于形成枸杞产业化规模效益，有利于引进有实力的枸杞深加工厂商，增强产品的市场竞争力。

（3）能够创造就业机会，有效地转移农村剩余劳动力。枸杞产业是劳动密集型产业，能够吸纳大量劳动力。就现有枸杞种植面积来看，在摘果期就能吸引10万～20万人，同时产业化龙头企业也能吸引大量的农村剩余劳动力。

（4）能够有效推动"新农村"建设，促进乡村和谐。我国的"新农村"建设，是针对我国的"三农"问题提出的，是为了解决城乡二元结构的矛盾。"新农村"建设首先谈的是经济发展，而"新农村"发展的关键还是要靠农业，只有发展高科技农业，农村经济才会有较大的发展。因此，柴达木枸杞产业化是推动"新农村"建设、促进乡村和谐的可靠保证。

（5）因地制宜，保护生态环境。枸杞为多年生落叶小灌木，具有耐盐碱、耐寒、抗热、抗旱特性，其适应性很强，并具有改良土壤结构、提高土壤肥力、降低盐碱危害的作用，是治理荒漠化土地的优势树种。柴达木地区大规模种植枸杞，既能增加植被覆盖率，又能起到防风固沙、改良土壤、保持水土等作用，从而保护了当地的生态环境。

第二节 研 究 内 容

本书研究的主要内容包括以下几点。

（1）通过对柴达木枸杞发展环境的分析，认为柴达木枸杞产业化是历史必然。

（2）通过实地调研，选择格尔木市大格勒乡菊花村、都兰县诺木洪农场为样本，逐户进行问卷调查，所得的第一手数据经过 SPSS 软件分析，得出了科学有效的柴达木枸杞产业化现有的状况。

（3）借鉴国内外产业化发展经验，结合柴达木枸杞产业化中已暴露的问题，提出柴达木枸杞产业化发展思路。

（4）针对枸杞产业链较短、创新动力不足、产业链节点企业信任不强等问题，研究产业链延伸治理、创新治理、制度信任治理等问题。

通过以上的研究，得出柴达木枸杞产业化的一般结论，并提出政策建议。

第三节 研 究 方 法

一、文献分析法

通过查阅政府报告、规划、政策和与本书有关的专著、学术论文、新闻报道，借鉴研究成果和产业化发展思路，论证柴达木枸杞产业化必成为柴达木经济的又一增长极。

二、田野调查法

通过对柴达木枸杞集中种植地的实地调查，并通过问卷调查收集第一手资料，试图对柴达木枸杞产业化发展之路提出比较科学、合理、客观的建议。

三、宏观调研与微观考察相结合

从宏观的视角，调研了青海省各级政府为柴达木发展枸杞产业所提供的基础环境与政策环境，并结合种植户、龙头企业面临的发展问题，从微观的视角分析和探求柴达木枸杞产业化思路。

四、实证与案例相结合

实证研究主要围绕柴达木枸杞产业化影响因素的提炼、机构理论模型，通过结构方程模型（structural equation modeling，SEM）分析影响因素间的关系，由此得出柴达木枸杞产业化方面的对策和建议；案例研究主要探讨国内外成功的经验和做法，由此得出柴达木枸杞产业化的发展启示，总结出产业化的共性特征，为柴达木枸杞产业化发展提供思路。

第四节　解决的关键问题及难点

一、本书解决的关键问题

纵观青海研究柴达木枸杞产业化的文献，主要集中在柴达木枸杞的品质、防沙和治沙的功能、短期政策和长期发展规划等方面。本书创新点主要包括以下几个方面。

（1）首次应用比较优势理论、规模经济理论、竞争优势理论分析柴达木枸杞产业化发展问题。

（2）在理论的支撑下，结合国内外农业产业化的发展启示，用前瞻性的视角探求柴达木枸杞产业化发展的途径。

（3）深入各级政府、农村、农户调研，使宏观与微观紧密结合，为研究奠定了良好的基础，能够更客观、更合理地把握和分析柴达木枸杞产业化的现状及存在的问题。

二、难点

柴达木枸杞产业化，需要借鉴国内外产业化模式和经验，实际上，由于柴达木特殊的地理环境，与国内外其他地区产业化有着比较大的差异，所以借鉴的产业化启示不能完全适用于柴达木地区，甚至会带来不利的因素，如何借鉴启示及创新模式是本书研究的难点。

第二章　相关理论及文献研究

枸杞产业化是指对枸杞进行区域化布局、专业化生产、一体化经营、社会化服务和企业化管理，形成贸、工、农一体化，"产＋销"一条龙的枸杞经济的经营方式和产业组织形式。目前，我国农业产业发展的基本路径为：首先确定特色产业，然后进行区域布局，依靠龙头企业的带动，发展规模经营，最后形成市场牵龙头，龙头带动基地，基地连农户的产业组织形式。因此，枸杞的产业化需要根据区域比较优势，确定枸杞这一特色产业，规划枸杞产业的种植区域，实现规模化种植，带动加工业的发展。加工链条越延伸，规模经济效益越明显。

第一节　比较优势理论

"比较优势理论是国际贸易理论的核心内容，主要包括李嘉图的比较成本学说和赫克歇尔-俄林的要素禀赋理论。"（于同申，2002）

一、比较成本学说

比较成本学说是大卫·李嘉图在其代表作《政治经济学及赋税原理》中提出的。"该学说认为：每个国家应该根据国内各种商品生产成本的相对差别，专门生产成本比较低的商品来出口，而在生产中成本比较高的商品，即使生产该商品的成本绝对的低于其他国家，也应以从国外进口为有利。"（葛扬和李晓蓉，2003）亚当·斯密（Adam Smith）的"绝对成本学说"是该学说的直接前提和基础，李嘉图的比较成本学说表明，即使在各种商品的生产成本方面一个国家都占有绝对优势，而另一个国家都处于绝对劣势，仍然存在着有利于双方的国际分工和国际贸易的可能性。只要两国各自生产在比较成本上相对有利的商品，通过国际贸易和互相交换，彼此都能节约劳动，获得利益。比较成本学说从实证经济学的角度证明了无论生产力发展水平是高还是低，只要在各自生产要素投入量不变的情况下，按自己的生产优势参加国际分工和国际贸易，就比不参加能获得更多的产品和物质财富。比较成本学说还揭示了如何根据各国的具体情况，通过比较成本，找出相对优势，使生产力得到合理布局，以增加更多的效益。

二、要素禀赋理论

由于李嘉图的相对比较优势理论中的生产条件来自个体之间生产函数的差异，所以，有些学者把它称为外生的基于技术效率差异的比较优势理论。李嘉图的相对优势模型表明，当劳动力是唯一的生产要素时，生产技术水平（生产效率）的差异使各国在不同的商品生产上具有相对优势。假如当生产中投入劳动力和资本等多种生产要素时，将怎样突出各国在不同的商品生产上具有相对优势呢？为此，瑞典经济学家赫克歇尔和其学生俄林考察了这一命题，并提出了要素禀赋理论（factor endowments theory），被称为 H-O 理论或 H-O 模型。

H-O 模型假定贸易中只有两个国家、两种生产要素（劳动力和资本）、两种商品 X、Y（X 商品是劳动密集型商品，Y 商品是资本密集型商品）；两国在生产中都使用相同的技术；在两个国家中，两种商品的生产都是规模经济不变的；两国在生产中均为不完全分工。要素密集是通过对两种商品生产中投入的资本-劳动比率（K/L）进行比较而确定的，资本-劳动比率高的为资本密集型商品，资本-劳动比率低的为劳动密集型商品。在 A、B 两个国家中，B 国资本充裕，A 国劳动力充裕，其中，要素充裕是通过对两国生产要素相对价格或生产要素总量相对比例进行比较而确定的，B 国的资本价格与劳动力价格之比小于 A 国，则 A 国资本充裕，B 国劳动力充裕；B 国的资本总量与劳动力总量之比大于 A 国，则 B 国资本充裕，A 国劳动力充裕。并且 A、B 两国具有相同的偏好及相同的社会无差异曲线。H-O 模型表明，资本充裕的国家在资本密集型商品上具有相对优势，劳动力充裕的国家在劳动力密集型商品上具有相对优势。

贸易禀赋理论认为，贸易产生的原因不是劳动生产率的差异，而是各国的生产要素供给的禀赋是不同的，导致要素价格的不同，从而使国内商品的价格比率有所不同。因此，劳动资源丰富的国家应集中生产劳动密集型产品；资本丰富的国家在制成品生产方面将有相对的成本和价格优势，应集中生产资本密集型产品。按要素禀赋理论，各国应利用自己相对丰富的资源进行生产和贸易，所有的国家都会从中收益，整个世界的产出也相应增长。

三、比较优势理论的发展

无论是李嘉图模型，还是 H-O 模型，比较优势都是外生的，这就好像在说经济发展不是其内部机制发生作用的结果，而纯粹取决于外部条件。经济学家们对此感到不满。同时，这些比较优势理论也不能解释为什么技术和禀赋条件相似的发达国家之间的贸易量比技术和禀赋条件悬殊的发达国家与发展中国家之间的贸易量大的现象。正是在这种背景下，迪克西特-斯蒂格利茨（Dixit-Stiglitz，D-S）模型基于规模经济优势的贸易理论诞生了。

（1）D-S 模型。1977 年，迪克西特和斯蒂格利茨首次以严格的数学模型，借助特殊的恒定替代弹性效用函数描述消费者对差别化产品的需求，并以此为基础，分析多样化消费与差别化产品垄断生产的报酬递增性之间的对立统一。D-S 模型的基本思路是，消费者对多样化消费的偏好，意味着消费品种类越多、越好，效用水平就越高。由于存在生产上的规模经济，在资源有限的情况下，厂商应该尽可能把一种产品的规模做大。但是规模经济和多样化消费之间存在两难冲突，如果把一种产品规模做大，就意味着消费品种类会减少；或者增加消费品种类，就意味着产品生产规模会缩小。要解决这种两难冲突，D-S 模型认为，应增加人口规模和（或）资源，而国家之间的自由贸易正具有这种功效。D-S 模型讲述了一个规模经济与多样化消费之间两难冲突的故事，他们发现，即使两国的禀赋条件相同，也没有李嘉图的技术比较优势，但如果存在规模经济，则两国也可以选择生产不同的专业，开展分工和国际贸易。

D-S 模型还不是一个纯粹的内生贸易模型，因为，首先纯消费者和厂商是外生给定的，他们之间的贸易自然也是外生的；其次，规模经济产生的原因可能是外生的。20 世纪 90 年代以来，以澳大利亚华人杨小凯为代表的经济学家对传统贸易理论进行了重新思考，进一步突破了传统的比较优势理论的框架，创立了新兴古典经济学，开创了内生比较优势理论。

（2）内生比较优势。所谓内生比较优势，是指比较优势可以通过后天的专业化学习或通过技术创新与经验积累人为创造出来，它强调的是比较优势的内生性和动态性。Yang 和 Borland（1991）在批评新古典主流理论的基础上，从专业化和分工的角度拓展了对内生比较优势的分析。他们认为，内生比较优势会随着分工水平的提高而提高。由于分工提高了每个人的专业化水平，所以加速了个人人力资本的积累。这样，对于一个即使没有先天的或者说外生比较优势的个人，通过参与分工，提高自己的专业化水平，也能获得内生比较优势。他们关于内生比较优势的分析被置于一个将交易成本和分工演进相互作用的理论框架之中。按照这一框架，经济增长并不单是一个资源配置的问题，而是一个经济组织演进的问题，其中，市场发育、技术进步只是组织演进的后果。该框架分析了经济由自给自足向高水平分工演进的动态均衡过程，并阐释了斯密和扬格（Young）"经济增长源于劳动分工的演进"的思想。内生比较优势理论是现代国际分工与贸易分析的基石，与外生比较优势理论相比，内生比较优势理论对于我们的指导意义似乎更大。

第二节　规模经济理论

规模经济理论是经济学的基本理论之一，通常是指在一特定时期内，企业产品绝对量增加时，其单位成本下降，即扩大经营规模可以降低平均成本，从而提高利润水平。马克思较早地提出了规模的经济性观点："在其他条件不变时，商品的便宜取决于劳动生产率，而劳动生产率又取决于生产规模。"①马克思在《资本论》第一卷中，详细分析了社会劳动生产力的发展必须以大规模的生产与协作为前提的主张。他认为，大规模生产是提高劳动生产率的有效途径，是近代工业发展的必由之路，在此基础上才能组织劳动的分工和结合，才能使生产资料由于大规模积聚而得到节约，才能产生那些按其物质属性来说适于共同使用的劳动资料，如机器体系等，才能使巨大的自然力为生产服务，才能使生产过程变为科学在工艺上的应用。马克思还指出，生产规模的扩大，主要是为了实现以下目的：①产、供、销的联合与资本的扩张；②降低生产成本。

西方经济学中，规模经济又被称为规模报酬，是属于长期生产理论的问题，"通常是以全部的生产要素都以相同的比例发生变化来定义企业的生产规模的变化"（高鸿业，2004）。企业的规模报酬变化可以被分为规模报酬递增、规模报酬不变和规模报酬递减三种情况，如果产量增加的比例大于（等于、小于）各种生产要素增加的比例，就被称为规模报酬递增（规模报酬不变、规模报酬递减）。一般来说，在长期的生产过程中，随着生产规模的不断扩大，规模报酬将依次经过规模报酬递增、规模报酬不变和规模报酬递减三个阶段。一般企业生产规模扩大以后，企业能够利用更先进的技术和机器设备等生产要素，而规模较小的企业可能无法利用这样的技术和生产要素。大企业随着对较多的人力和机器的使用，企业内部的生产分工能够更合理和专业化。

从传统成本理论观点来看，随着企业规模的扩大，在大规模经济规律的作用下，企业生产成本将不断降低，直到实现适度生产规模。如果再继续扩大规模，则会因管理上的不经济而导致成本增加。对此，美国哈佛大学教授哈维·莱宾斯坦（Harvey Leibenstein）进行了深入探讨，并提出了效率理论。莱宾斯在《效率配置和效率》一文中指出：大企业，特别是垄断性大企业，面临外部市场竞争压力小，内部组织层次多，机构庞大，关系复杂，企业制度安排往往出现内在的弊端，使企业费用最小化和利润最大化的经营目标难以实现，从而导致企业内部资源配置效率降低，这就是"X 非效率"，也就是通常所说的"大企业病"，"X 非效率"所带来的"大企业病"，正是企业发展规模经济的内在制约。

以美国学者科斯为代表的交易成本理论则从市场交易成本的角度出发，对企业规模经济做出了独到的解释。科斯在他的著名论文《企业的性质》中指出，交易成本的存在是企业产生的根本原因。科斯认为，企业最显著的特征是，它是市场价格机制的替代物。以价格机制为导向的市场每组织一笔交易都要花费一定费

---

① 《马克思恩格斯全集》——《人民出版社》第 23 卷：686-687

用，即交易成本，包括获得市场信息的成本、谈判和签约的成本、合同风险的成本等。当生产同样产品、零部件，以及工艺流程阶段的人将各生产要素集中生产时，就可以减少交易数目、交易次数和交易摩擦等交易成本。换言之，如果通过"组织"并以"权威"方式来"安排"有关活动，交易成本就会得到节省。这里的"组织"就是企业；"权威"是指企业内部的行政管理；"安排"代表了"交易的内部化"。因此，企业实际上成了市场的替代物，只有当组织交易中企业内部的管理费用等于其所节约的市场交易成本时，企业的规模扩张才会停止。此外，交易成本理论对企业的一体化问题也做了解释，科斯认为，当两个或更多企业组织的交易由一个企业来组织时，便出现了一体化，企业一体化的过程就是交易活动内部化的过程。或者说，企业间关系结构的每一步变化，都和规模经济有关，企业间合并是否成功取决于所增加的组织费用和所节约的交易费用的比较。

美国著名企业史学家钱德勒（Chandler）在《看得见的手》一书中也指出："当管理上的协调比市场机制的协调带来更大的生产力、较低的成本和较高的利润时，现代多单位的工商企业就会取代传统的大小公司。"以科斯为代表的交易成本理论阐明了企业代替市场机制组织交易条件下，管理对规模经济的贡献。企业管理水平越高，则在相同生产条件下，管理成本越低，从而企业规模扩张程度就可以提高。可见，交易成本理论不仅是现代企业理论的核心，同时也是规模经济理论的重要发展。

第三节　竞争优势理论

竞争优势理论一般指国家竞争优势，又被称为"国家竞争优势钻石理论"或"钻石理论"，是由哈佛商学院教授迈克尔·波特（Michael E. Porter）在其代表作《国家竞争优势》（*The Competitive Advantage of Nations*）中提出的，属于国际贸易理论之一。国家竞争优势理论既是基于国家，也是基于公司的理论，它试图解释如何才能造就并保持可持续的相对优势。波特（2003）认为："一个国家的四大特质，各自独立，又能系统性的组合成国家优势的钻石体系。"产业竞争力主要由四大特质来决定，这四大特质是：生产要素，需求条件，相关与支持性产业，企业的战略、结构和竞争状态。这四个特质构成钻石体系的四个点（图2.1），

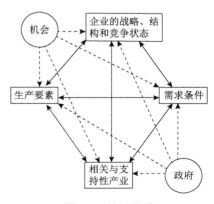

图2.1　钻石体系

每个点及体系本身，都会影响企业在国际竞争中获得成功的基本条件。

在图 2.1 中，四大要素之外还存在两大变量：政府与机会。机会是随机的，无法被控制；而政府的宏观调控力是可以被控制的，因此，政府的影响力比较强。

一、生产要素

波特（2003）把劳动人口、天然资源等生产要素称为基本生产要素，基本生产要素并不能建构知识密集产业的优势，而那些涉及持续与大量投资，以及专业化的东西，是支持竞争优势的最重要的生产要素。企业对最重要的生产要素的需求，则只能通过当地政府和企业自身的努力来创造。波特（2003）通过举"荷兰花卉种植"的例子说明，国家的"竞争优势源于率先创造专业化的因素，并有持续提升它们的世界一流组织"。波特（2003）认为，在国家竞争中，把劣势转化为优势，首先要比外国竞争对手抢先一步创新，其次是钻石体系具有其他有利条件。企业要创新，必须拥有适当的人员与技术，以及能提供适当信息的本国市场需求。此外，也需要国内激烈的市场竞争，形成创新的压力。

二、需求条件

在钻石体系中，需求条件主要是指国内市场的需求，波特（2003）认为："当特定产业区间或国内市场的规模可观时，国内市场需求条件便有助于建立竞争优势。一个国家的市场区间愈大，企业的注意力愈高；当市场区间较小而且不理想时，企业的兴趣就较低。"国内市场需求条件是产业发展的动力，当国内客户对产品或服务的需求是全球最挑剔的，也最精致的时候，企业就会因此获得竞争优势。如果本国客户的需求能够预示或改变其他国家的需求，预期需求就出现了，本地客户就可以协助本国厂商获得优势。

三、相关与支持性产业

波特（2003）认为，国家竞争优势的第三个关键要素是相关与支持性产业的国际竞争力。单独的一个企业，甚至单独的一个产业，都很难保持竞争优势，只有形成有效的产业集群（industrial clusters），上下游产业之间形成良性互动，才能使产业竞争优势持久发展。对企业而言，具有竞争力的上游产业能够为本企业提供先进的原材料、相关技术等，这些都是产业竞争力的重要组成部分。如果下游产业在全球具有竞争力，那么就会对上游产业提出更高的要求，这在一定程度上是本产业进行创新的外部动力。相关产业会形成"提升效应"，在互通技术比重较高，而且处于产业生命周期的初始阶段的情况下，"提升效应"尤为显著。

相关与支持性产业的地位也可以从需求的角度进行阐释，本产业的上下游产业实际上是本产业最重要的供应商和客户，当供应商本身是国际市场竞争者时，本国厂商的收益最大，具有全球竞争力的下游产业通常对原材料等方面的要求特别苛刻，企业在努力满足这些客户需求的同时，也是在创造自身的国际竞争力。在波特（2003）看来，这些相关与支持性产业相互作用，以形成有效率的产业集群为标志，这对一个国家和地区是至关重要的。

四、企业的战略、结构和竞争状态

这是波特（2003）开出的企业治理三角习题，指如何创立、组织和管理公司，如何应对同业竞争对手等问题。波特（2003）认为，企业的战略、组织结构和管理者对待竞争的态度，往往同国家环境相关，也同产业差异相关。一个企业要想获得成功，必须善用本国的历史文化资源，形成适应本国特殊环境的企业战略和组织结构，融入当地社会，并符合所处产业的特殊情况。

影响企业的战略、结构的因素有：各国政府设定的发展目标、企业自身目标、个人事业目标、民族荣耀与使命感所带来的诱因。各个国家不同的发展目标，对企业和员工的工作意愿影响很大，如果一个国家鼓励人们对产业的忠诚，则有利于降低产业人员流动率，增加企业的长期投资意愿。企业自身目标又与股东结构、持有人的进取心、债务人的态度、内部管理模式，以及高阶资深主管的进步动机等因素有关，这些因素会影响企业对投资风险、资金利用等方面的态度。个人事业目标及民族荣耀与使命感对企业战略和企业结构的影响非常复杂，但是只要善于引导，这些社会文化因素和心理因素就有可能成为产业竞争力的来源。

波特（2003）对自由竞争特别推崇，他认为，国内的竞争状态会刺激竞争优势的持续力和创造力，国内的任何竞争都会创造企业创新和改善的压力，这种压力将会使竞争优势持续升级，最终迫使厂商寻求全球市场，并使它们获取更佳的效益与更高的利润。

五、机会和政府

在波特（2003）的钻石体系中，除了四个基本要素外，还有两个变量——机会和政府。机会是可遇不可求的，对一个产业的竞争力而言，机会可能与该国的环境无关，甚至同企业内部也没有关系，政府也难以施加影响。一般情况下，可能形成机会的情形有如下几种：基础科技的发明创新、传统技术出现断层、生产成本突然提高、全球金融市场或汇率的重大变化、全球或区域市场的需求剧增、外国政府的重大决策、战争爆发等。这些情况对于一个国家的产业可能意味着难得的机会。例如，第二次世界大战中瑞士和瑞典的中立，使它们在战争中获得了巨大的产业利益。两次石油危机，给有些国家造成了巨大的打击，同时给另一些国家带来了难得的机遇。这些机会并不是孤立的，而是同钻石体系的其他要素联系在一起的。同样地，一场越南战争，对日本和对韩国的影响不同，是因为钻石体系的其他要素作用的结果。

政府是第二个变量。波特（2003）认为，政府并不能凭空创造出有竞争力的产业，只能在钻石体系其他要素的基础上加以引导才能做到。政府的角色是为产业和企业的发展提供良好的环境，而非直接参与。对于生产要素，政府需要加大教育投资，与企业共同创造专业性强的高级生产要素。对于竞争，政府需要做的是鼓励自由竞争，严格执行反垄断法。政府对经济的另一大影响措施是政府采购，在这一点上，政府可以扮演挑剔客户的角色，这对国内企业产业升级和技术创新尤其重要。随着社会的发展，政府的作用越来越重要。

波特（2003）的钻石体系，是建立在对发达国家的经济学分析基础上的。但是对于发展中国家，尤其是经济正在起飞的国家，这个模型也具有极大的借鉴和参照意义。

第四节　产业化文献研究

一、农业产业化文献研究

农业产业化是 1993 年山东省在总结农业和农村发展经验时，被作为一种新的农业发展战略而首先提出，是在探索解决农业发展深层次矛盾，促进市场农业发展实践中，逐步摸索出的一种农业经济组织形式。

近几年，理论界针对农业产业化做了广泛的研究，主要的专著有：杨文钰（2005）主编的《农业产业化概论》，在该专著中，作者不仅对农业产业化的内涵和特征进行了界定，并且对农业产业化的指标体系进行了总结；陈少强（2009）的《中国农业产业化研究》，作者结合对发达国家农业产业化考察，分析我国农业产业化发展现状及问题，提出了农业产业化发展的基本思路，并指出了政府在农业产业化中的作用；中国社会出版社出版的《论农业产业化》的作者吴志雄等（2002）认为，在农业产业化中"农产品合作组织"特别重要，他们从农产品合作组织的发展轨迹得出了发展农产品合作组织的不同思路，结合个案总结发展了农产品合作组织的经验；蔡金升（2004）著的《黄河河套地区特色农业产业化研究》，著者"采取了从特色农业产业化的一般理论到河套地区特色农业产业化发展战略宏观研究，再到各具体特色产业的实证研究"。还有占俊英和方齐云（2006）著的《中国农村走势——农业产业组织及技术进步与农业剩余劳动力转移》、王厚俊（2003）著的《农业产业化经营理论与实践》等 50 多本专著，从不同视角研究了农业产业化问题。

在公开刊物发表的研究农业产业化的文章就更多了，综合他们的研究范围，概括起来主要包括以下几个方面：农业产业化的内涵、实质和基本特征；农业产业化产生和发展的条件（原因）和客观必然性；农业产业化与农村改革、农业发展的关系；地区农业产业化发展的战略、规划和政策建议；农业产业化的组织形式和运行机制。有很多学者侧重从宏观的产业结构和产业发展角度来研究农业产业化。他们大都认为，"农业产业化"与"农业一体化""'种＋养'一条龙"等是不同层次的概念，后者是前者的具体表现形式。也有不少学者侧重从微观的产业组织角度来研究农业产业化。他们则大都认为，"农业产业化"与"农业一体化"等是同一层次的概念，或"农业产业化"是"农业产业一体化经营"的简称，他们均强调农民的创造性和农民在农业产业化经营组织中的主体地位，认为农业产业化是农民在市场机制作用下，为获取某种利益而自发进行的诱致性制度（组织）创新，如果龙头企业与农户之间仅通过市场建立商品交换关系，就不能被称为农业产业化。他们从微观角度来研究农业产业化，并提出了"微观农业产业化"的概念，具有一定的理论价值。尽管大多数学者在给农业产业化下定义时，能兼顾宏观和微观两个方面，但真正将两者结合起来并全面系统地进行深入研究的并不多见。实际上，目前在农业产业化理论研究过程中出现的一些意见分歧正是因此而产生的。例如，侧重从宏观角度研究农业产业化的学者大都强调政府在农业产业化发展过程中的促进作用，而较少考虑农民的意愿和创造性，以及龙头企业（中介组织）与农户之间利益机制的建立，对农业产业化经营的理解也较为宽泛。侧重从微观角度研究农业产业化的学者大都强调要尊重农民意愿，重视农民的创造性；要切实保护农户利益，提出要对龙头企业与农民间的契约行为进行规范；要充分发挥合作经济组织在农业产业化进程中的作用。但他们对政府通过制定农业产业化规划和战略，促进农业产业化发展的重要性认识不足，认为政府的作用只限于培育市场、提供服务和"当好裁判"。"总之，国内尽管对农业产业化的理解和表述各异，但对一些关键问题的表述基本一致，即农业产业化是以市场为导向，实现农业生产的专业化、规模化、集约化和标准化经营的过程和结果，它是相对于传统的生产经营方式而言的一种较高级的生产经营方式。"（陈少强，2009）

二、枸杞产业化文献研究

研究枸杞产业化的文章多以宁夏枸杞为主，以论文形式发表的较多。在已出版的书中描写枸杞产业化的仅有中国农业出版社出版的蔡金升（2004）著的《黄河河套地区特色农业产业化研究》。此书的第三章对河套地区枸杞产业化做了详细的研究，该章分六节，以枸杞产业化的区域比较优势及产业基础，存在的问题、面临的挑战及机遇，目标和区域布局，产品技术与市场开发，模式和运行机制，加快枸杞产业化的配套政策及措施为内容进行了阐述。在 2003 年第 6 期的《宁夏社会科学》发表的《宁夏枸杞产业化发展调查及税收前景预测——兼谈"宁夏枸杞"、"宁夏红"等品牌的培育与提升》一文中，作者祁彦斌认为，宁夏枸杞产业化进程中面临的问题及困难是如何培育与提升品牌。2005 年第 11 期的《中国林业产业》上发表的《宁夏枸杞产业进入发展高速路》中，作者赵世华认为，利用好宁夏枸杞的文化底蕴，发挥好宁夏枸杞的科学内涵，将宁夏枸杞在标准化生产、规模化发展、市场化开发、产业化经营、集团化组织、国际化贸易等重点领域进行突破，才能全面提升枸杞产业，带动区域经济的腾飞。2007 年第 5 期的《宁夏农林科技》上发表的《宁夏枸杞产业化发展存在的问题及对策》中，高磊主要探讨了宁夏枸杞生产成本过高、农民素质低下、缺乏合理规划、品牌繁杂、没有龙头企业带动等现状和问题，并针对这些问题，提出了继续扩大枸杞产量、降低生产成本、建立绿色品牌、进一步扶持大型龙头企业、建立枸杞生产基地等解决宁夏枸杞产业发展问题的相关建议和对策。李建国等发表在 2003 年第 2 期《宁夏农业科技》上的《试论宁夏枸杞经济的作用与产业化发展对策》、郭荣和温淑萍在 2007 年第 11 期的《甘肃农业》上发表的《宁夏中宁县枸杞产业化现状及发展建议》、张玉梅等在《安徽农业科学》的 2006 年第 8 期上发表的《从品牌的角度分析中宁枸杞市场竞争力》，均对中宁枸杞品牌的形成及其市场现状进行了深入分析，并在此基础上提出了如何提高中宁枸杞竞争力的对策。在发表于 2004 年第 5 期《市场经济研究》上的《火红产业与绿色生态》中，潘梦阳指出：宁夏枸杞产业化已迈开大步，年实现产值达 10 亿元。在 2004 年，宁夏枸杞年出口量约占全国枸杞出口总量的 65%。宁夏枸杞酒、枸杞籽油、枸杞多糖、枸杞鲜汁、枸杞营养口服液等 20 多种深加工产品已打入国内外市场，枸杞产业一派火红。在 2008 年第 2 期《农业现代化研究》上发表的《宁夏枸杞产业发展优势和提升出口竞争力的对策》中，作者陈清华和王朝良认为，推行枸杞产业化经营，必须建立龙头加工企业和专业批发市场，并由企业参与科技园区、生产基地建设，实行契约化管理，增强枸杞产业的组织化程度。在 2003 年第 2 期《宁夏农林科技》发表的《试论宁夏枸杞经济的作用与产业化发展对策》中，作者李建国等指出，宁夏枸杞产业化要得以持续稳定地发展，首先必须正确认识宁夏枸杞经济在宁夏地方经济中的地位、作用与存在的问题，要有的放矢，并提出了宁夏枸杞产业化持续稳定发展的对策。

研究新疆枸杞产业化的有：李祥云于 1999 年发表在第 7 期《农村科技》的《精河枸杞面临挑战及迎战对策》、赵新居于 2001 年发表在第 4 期《新疆广播电视大学学报》上的《对新疆枸杞农业资源产业化发展的思考》等。

三、柴达木枸杞产业化文献研究

研究柴达木枸杞的文章发表在期刊上的有：发表在《安徽农业科学》2007 年第 29 期的《柴达木枸杞的营销策略与方式研究》，作者柴永煜等从不同方面和层次阐述了柴达木枸杞的营销策略与营销方式，为柴达木盆地的枸杞资源开发提供了更为广阔的发展空间；在《宁夏农林科技》2008 年第 2 期发表的《宁夏枸杞在青海的发展现状》中，吴广生等主要从青海自然条件、"宁杞一号"在当地的表现两方面详述了宁夏枸杞在青海发展现状及呈现出的产业优势，并结合生产中的主要制约因素，分析了青海枸杞产业发展中存在的主要问题；发表在《青海师范大学学报（自然科学版）》2009 年第 1 期上的《柴达木盆地产枸杞的资源状况及其栽培繁育研究进展》中，作者郭辉和沈宁东从柴达木盆地产枸杞的环境、资源量及其分布规律、主要种类及其分布、栽培繁育等四个方面，对柴达木枸杞的资源和栽培繁育的研究进展进行了综述，为枸杞在柴达木产地的生物学属性、栽培繁育及其产业化的深入研究提供了相应的参考。

《柴达木枸杞——荒漠化治理与特色产业中亮丽的风景》《柴达木枸杞种植——沙地里盛开"红色"产业》《青海柴达木枸杞》《柴达木枸杞产业引领农民致富》《柴达木枸杞——荒漠化治理与特色产业中亮丽的风景》《青海以循环经济思路发展枸杞产业》等文章都是以新闻报道形式呈现在报纸或互联网上的。

综上所述，柴达木枸杞产业化是柴达木经济发展的又一亮点。从科学发展观、"生态立省"及长远的产业发展角度分析，枸杞产业必然成为青海省难得的一项"朝阳"产业，具有很大的发展潜力。

第三章 柴达木枸杞产业化发展环境分析

第一节 柴达木枸杞的种植环境

一、地理环境

柴达木是青藏高原北部边缘的一个巨大的山间盆地，地处青海省西北部，介于东经 90°16′～99°16′、北纬 35°00′～39°20′。盆地略呈三角形，东西长约 800 公里，南北宽约 300 公里，面积为 257 768 平方公里，海拔 2500～3000 米，是中国海拔最高的盆地，一般被称为高原型盆地。又因为盆地西高东低、西宽东窄，四周高山环绕，南面是昆仑山脉，北面是祁连山脉，西北是阿尔金山脉，东为日月山，又被称为封闭的内陆盆地。

柴达木地区凭借风化引起的雅丹地貌闻名世界。地形结构从边缘至中心，依次为戈壁、丘陵、平原、湖泊。四周山前的平原戈壁带（即石质荒漠）广阔，宽达 20 公里以上，坡度 5°～8°，间有零星沙漠分布，多属移动沙丘，一般高 5～10 米，最高为 50 米，是复合沙丘链。东部为大片盐湖，盐层平均厚 4～8 米，最厚为 60 米，蕴藏有丰富的盐类和其他化学元素。东部和东南部河湖为冲积平原，宜农地面积大，农业高产，畜牧业发达。现有可耕地面积 4.74 万公顷[①]，草场 961.58 万公顷，其中可利用草场面积为 709.83 万公顷，森林覆盖率为 2.06%。

柴达木地区大部分都是盐碱地，不适宜种植其他植物，而枸杞对土壤的适应性很强，在一般的土壤，如沙壤土、轻壤土、中壤土或黏土上，都可以生长，甚至在盐碱地上也生长得很好，因而，枸杞是柴达木地区首选生态树种。

二、气候环境

柴达木地处大陆腹地，印度洋、太平洋暖湿气流受到喜马拉雅山、唐古拉山的阻隔，难以进入，加之海拔高，从而形成了柴达木地区终年干燥少雨、冬季寒冷漫长、夏季凉爽短促、四季不分明的典型大陆性高原气候。太阳辐射强，光照充足，太阳辐射强度和日照时间长度仅次于西藏，居全国第二位，是我国光能资源丰富地区，光温生产潜力大，有利于农林牧业发展。早晚温差大，气温特低，

[①] 1 公顷=10^4 平方米

有利于地下冻土层的发育。夏天雪山融化，洪流泛滥，沼泽面积广。降水稀少、风力强劲，风沙地貌广泛发育。植被稀疏，以超旱生及旱生灌木和半灌木为主，适于骆驼放牧。最近的气象研究表明，中国西部"聚宝盆"柴达木盆地的气候正在由暖干化向暖湿化转型。

枸杞对气候要求不太高，但喜光，光照强弱和日照长短直接影响枸杞的生长和发育。柴达木日照时间长，太阳辐射强，造就了柴达木枸杞树发育良好，结果多，产量高，枸杞糖分高。

三、水环境

柴达木地区水系稀疏，257 768 平方公里的土地上，大小河流只有 160 余条，多年平均流量超过 1 亿立方米的河流有 16 条，常年湖泊有 40 余个，以高山冰雪融水补给为主；淡水湖泊有 21 个；冰川面积 1854.88 平方公里，年融消水量 9.18 亿立方米。水资源总量为 51.96 亿立方米，单位面积水资源占有量为 2.01 万立方米/平方公里，是全省平均水平的 23.38%。河流水能资源理论蕴藏量为 125 万千瓦时，可开发利用资源为 30 万千瓦时。柴达木地区年平均降水量为 16.7～487.7 毫米。年平均蒸发量为 1353.9～3526.1 毫米，为年降水量的 5～195 倍。

枸杞耐旱能力强，这是因为枸杞的根系发达，并能伸向较深远的土层吸收水分，柴达木的水环境适宜枸杞生长。

第二节　枸杞产业化社会环境

柴达木地区主要包括德令哈市、格尔木市、都兰县、乌兰县、天峻县、大柴旦行政委员会、冷湖行政委员会、茫崖行政委员会。东部"三县一市"基本为农牧区，西部"一市三行委"为工矿区。海西州首府为德令哈市。2014 年底，柴达木地区有总人口 36.91 万人，有汉族、蒙古族、藏族、回族、土族、撒拉族等 29 个民族，其中，蒙古族、藏族为主体民族，人口分别是 2.47 万人和 4.11 万人，分别占总人口的 6.7%和 11.1%。柴达木地区大部分少有人烟，每平方公里平均 1.16 人。

随着经济的发展，柴达木地区各项社会事业也得到了健康的发展。在卫生事业上，已初步形成具有一定规模、门类较为齐全的医疗卫生服务体系和州、市、县、乡（镇）卫生防疫及医疗网络，防病、治病能力大大增强，并在全省率先完成"一村一室一医"计划，实现了村村有医、有药、有设备。在教育事业上，现已形成了幼儿教育、普通教育、职业教育、民族教育、成人教育等多种形式的教育体系，并且在"基本普及九年义务教育，基本扫除青壮年文盲"（以下简称"两基")的工作中，"两基"人口覆盖率达到 100%，非文盲率达到 99.49%。这为柴达木经济发展奠定了基础。

柴达木地区因为拥有丰富的自然资源和矿产资源，随着西部大开发战略的实施，经济发展突飞猛进。"2008 年地区生产总值达到 273 亿元，比上年增长 20%，达历史最高水平。其中，工业增加值突破 200 亿元大关，达到 201 亿元，增长 23%。全年完成固定资产投资 165 亿元，增长 21.1%，全地区财政一般预算收入完成 54.4 亿元，增长 26.9%，地方财政一般预算收入 18.49 亿元，增长 45.3%。实现社会消费品零售总额 31.09 亿元，增长 17.6%。全年城镇居民人均可支配收入 13 522 元，增长 17.1%；农牧民人均纯收入 3725 元，增长 21.8%。"①

柴达木的社会环境为枸杞产业化提供了机遇，主要表现在以下几个方面。

（1）基础设施的完善，为枸杞产业化奠定了基础。

（2）劳动力素质的提高，推动了枸杞产业的发展。

（3）财政实力强，加强了政府的宏观调控能力，提高了枸杞产业化的速度。

第三节　柴达木枸杞开发历史

一、柴达木枸杞的介绍

世界上枸杞品种约有 80 种，多数分布在北美洲及南美洲，其中，南美洲的种类最多，欧亚大陆约有 10 种，主要分布在中亚地区。我国有 7 个种和 3 个变种，主要分布在西北和华北地区，中心分布区域是在河西走廊、柴达木盆地及青海至山西的黄河沿岸地带。在柴达木地区拥有世界上唯一一条野生枸杞生长带，主要的品种有野生枸杞和黑果枸杞。柴达木枸杞鲜果玲珑剔透，红艳欲滴，状似红宝石，色红粒大，果实卵圆形，籽少、肉厚，大小均匀，无碎果、无霉变、无杂质，是枸杞中的上品。柴达木枸杞主要种植在格尔木、都兰、乌兰、德令哈等地区，独具特色的高原大陆性气候造就了以优良的品质走俏国内外市场的柴达木枸杞。同我国其他地区生产的枸杞相比，柴达木枸杞规格为 180 粒/50 克的占 40%，230 粒/50 克的占 40%，280~300 粒/50 克的占 15%，500 粒/50 克的占 5%，具有含糖高、口感好、营养更丰富的优势。经中国科学院西北高原生物研究所测定，柴达木枸杞含有人体所需的 18 种氨基酸，以及丰富的还原糖、维生素、钙、铁、磷等多种营养成分，并含锗、硒、酮等具有抗癌、抗衰老、美容等功效的微量元素，含量居全国之首，具有极高的药用价值。测定的人体所需 18 种氨基酸总量高于盛产枸杞的其他地区 0.83 个百分点，总糖高 5 个百分点。据中国科学

① 青海省海西州政府. 2009 年青海省海西州的政府工作报告. 2009，3

院西北高原生物研究所分析测试中心检测结果，柴达木枸杞中的许多成分高于宁夏枸杞（表 3.1～表 3.4）。

表 3.1　枸杞子营养成分比较　　　　　　　单位：%

样品	水分	灰分	总糖	蛋白质	粗脂肪	粗纤维
宁夏中卫	12.00	3.16	46.50	12.10	7.14	7.78
青海德令哈	10.22	3.28	52.36	11.23	6.56	5.21

资料来源：《德令哈枸杞产业化项目》

表 3.2　枸杞子维生素含量比较　　　　　单位：毫克/100 克

样品	胡萝卜素	维生素 B_1	维生素 B_2	维生素 C	尼克酸
宁夏中卫	7.38	0.153	1.27	18.40	4.32
青海德令哈	7.14	0.164	1.44	18.88	3.85

资料来源：《德令哈枸杞产业化项目》

表 3.3　枸杞子矿物质元素含量比较　　　　单位：毫克/千克

样品	铁	铜	锌	钙	磷
宁夏中卫	84.2	9.23	15.35	1125	2031
青海德令哈	100.2	8.76	20.42	953	2540

资料来源：《德令哈枸杞产业化项目》

表 3.4　枸杞子氨基酸含量比较　　　　　单位：毫克/100 克

氨基酸	含量		氨基酸	含量	
	宁夏中卫	青海德令哈		宁夏中卫	青海德令哈
天门冬氨酸	1.55	1.46	异亮氨酸	0.29	0.22
苏氨酸	0.37	0.32	亮氨酸	0.46	0.63
丝氨酸	0.47	0.55	组氨酸	0.15	0.18
谷氨酸	1.23	1.44	氨	0.38	0.40
脯氨酸	1.08	0.92	酪氨酸	0.15	0.20
甘氨酸	0.34	0.29	苯丙氨酸	0.28	0.21
丙氨酸	0.43	0.52	色氨酸	0.13	0.21
胱氨酸	0.11	0.09	赖氨酸	0.31	0.44
缬氨酸	0.37	0.51	精氨酸	0.94	1.21
蛋氨酸	0.10	0.17	总量	9.14	9.97

资料来源：《德令哈枸杞产业化项目》

二、柴达木枸杞的功效

枸杞是我国传统的名贵中药材。早在《神农本草经》和《本草纲目》中就有关于枸杞的药用和栽培的记载。《神农本草经》中记载："枸杞主五内邪气，热中消渴，周痹风湿，久服坚筋骨，轻身不老，耐寒暑。"《本草纲目》中记载："枸杞性味甘平，归肝，肾经，滋补肝肾，益精明目。"《食疗本草》中记载："枸杞坚筋耐老，祛风，补益筋骨，能益人，去虚老。"《名医别录》中记载："枸杞下胸肋气，客热头痛，补内伤大劳，嘘吸强阴，利大小便。"《药性论》中记载："枸杞补精气，诸不足，易颜色，变白，明目安神，令人长寿。"《元五好固汤液本草》中记载："枸杞主心嗌病于心痛，渴而引饮，肾病消中。"《本草备要》中记载："枸杞润肝清肝，滋肾益气，生精助阳，补虚劳，强筋骨，祛风明目，利大小便，治嗌于消渴。"

枸杞的化学成分丰富，含有丰富的蛋白质、胡萝卜素、维生素、粗纤维、不饱和脂肪酸和人体所需的氨基酸、微量元素。现代研究表明，枸杞具有良好的促进免疫、降低血糖、抗氧化、延缓衰老、促进肿瘤细胞凋亡、抗辐射损伤、降血脂等作用。枸杞全身都是宝，枸杞果可用来入药、泡茶、泡酒、炖汤，枸杞的叶、花、根也是上等的美食补品。现代医学研究表明，它含有胡萝卜素、甜菜碱、维生素 A、维生素 B_1、维生素 B_2、维生素 C 和钙、磷、铁等，具有增加白细胞活性、促进肝细胞新生的药理作用，还可降血压、降血糖、降血脂。食用枸杞子可以扶正固本和扶正怯邪，不但能增强机体功能，促进健康恢复，而且能提高机体的抗病能力，抵御病邪的侵害。

三、柴达木枸杞的生态功能

较之宁夏、河北等地，在柴达木种植枸杞具有更多的特殊意义。在柴达木盆地种植枸杞更主要是为了恢复退化了的生态，巩固绿洲，改善沙化土地和盆地整体的生态环境。

（1）枸杞为多年生落叶小灌木，根系发达，具有耐盐碱、耐寒、抗热、抗旱特性，其适应性很强，易于生长在干旱的沙漠地区。柴达木盆地广袤的贫瘠土地上，原本分布的较大面积的野生枸杞林就很好地证明了这一点。因此，枸杞成为抵挡柴达木土地沙化的首选树种。

（2）枸杞具有改良土壤结构、提高土壤肥力、降低盐碱危害的作用，所以，枸杞是改善柴达木生态环境的优势树种。

（3）实现枸杞产业化，一定要实现枸杞的规模化种植，这样既能增加植被覆盖率，又能起到防风固沙、改良土壤、保持水土等作用，生态效益明显。

以上事实说明，柴达木枸杞产业化不仅能产生巨大的经济效益，而且给柴达木盆地脆弱的生态环境建立起了绿色屏障。在不久的将来，大面积的枸杞林将与梭梭林、白刺林一起在防止沙化和水土保持方面发挥出巨大的环保作用。

四、柴达木枸杞的人工栽培历史

虽然柴达木是野生枸杞的天然生长带，但是，人工栽培枸杞的历史比较短。20 世纪 60 年代，柴达木诺木洪地区才开始枸杞人工栽培。当时的种植规模小，但品质好、知名度高。20 世纪 70 年代，毛泽东主席会见东南亚大使时赠送的礼品就是青海枸杞。然而几十年过去了，柴达木枸杞产业发展缓慢，知名度已远不如前。进入 21 世纪，柴达木的枸杞产业发展迅速，日新月异。从 2000 年实施退耕还林工程以来，枸杞作为防风固沙的生态树种，在柴达木地区开始被大规模种植。青海生态立省战略的实施及海西州产业结构的调整更是加快了枸杞的种植规模。从 2007 年开始，柴达木开始大面积推广种植枸杞，基本实现了枸杞区域化布局，柴达木枸杞产业化初具规模。截至 2009 年年底，柴达木地区已营造枸杞经济林近 15 万亩，其中 4 万多亩已有产出，枸杞人工种植面积达 28.07 万亩。

第四章　柴达木枸杞产业化理论模型

第一节　影响柴达木枸杞产业化的因素提炼

本书对柴达木枸杞产业化影响因素的提炼采用文献提炼法。

李强（2008）在研究农业产业化影响因素时认为，龙头企业收购价格的波动程度、户主文化程度、种植作物的年收入水平、农户对产业合同的遵守程度、作物收入占家庭总收入的比重、农户户主性别和耕地面积 7 个因素对农业产业化的影响比较显著；农户年龄、家庭规模、技术服务水平、政府补贴程度和年种植成本这 5 个因素的影响不显著。赵凯等（2013）研究认为，劳动力的农业技能培训和服务频数、农户的专业化程度对其加入农业产业化经营模式意愿的影响在 1%的显著性水平下具有显著性；政府的支持对其加入农业产业化经营模式意愿的影响在 5%的显著性水平下具有显著性；农户对农业产业化经营模式的认识程度对其加入农业产业化经营模式意愿的影响在 10%的显著性水平下具有显著性。向琳和李季刚（2010）指出，西部地区规模效率低下是提高农业产业化效率的主要障碍。刘扬（2000）模拟了农产品价格、化肥价格、生产补贴和非农部门工资等政策变量的变动对农业产业化的影响。张明林（2006）研究认为，农业产业化经营受到农业产业特性和农业宏观环境两大约束条件的制约，指出农业产业链成长共分为六个阶段：商业机会形成阶段、企业决策阶段、农产品加工阶段、产业发展阶段、新一轮消费引导和需求偏好形成阶段、产业发展促进技术进步阶段。张成华（2008）指出，要真正实现农业产业化经营和解决农民增收问题的关键在于科技和政策，农业产业化与农业科技政策间有着密切的联系。郭鸿剑（2012）研究认为，导致农业产业化经营水平低的原因及影响因素主要是农业政策运行体系与现代农业发展不协调、农户小规模经营与现代农业发展不协调、农民培训与教育体系与现代农业发展不协调、现代农业资金投入及利用效率与现代农业发展不协调。姜建红（2012）指出，农业产业化是指农业发展以市场为导向，注重农业经济效益，依靠农业龙头企业的带领，使区域内的农业发展实现贸、工、农一体化，和产、供、销一条龙的新时期农业生产模式。思想意识、生产经营体制、龙头企业的发展等是影响农业产业化发展的主要因素。基于上述学者的研究，可以将农业产业化的影响因素概括为微观因素、中观因素和宏观因素三大类。微观因素包括农户年龄结构、农户性别比例、家庭规模、户主文化程度、家庭收入、农户的专业化程度、农户生产的意愿、农户对产业合同的遵守程度。中观因素包括农户种植成本、农户家庭种植土地面积、龙头企业的发展程度、企业对农户的技术服务的程度、企业与农户的信息交流程度。宏观因素包括地方政府对劳动力的农业技能培训和服务频数、政府在农户规模化经营中的政策引导、政府为形成产业的商业机会做出的努力程度、政府在该产业做出的企业布局合理程度、农产品加工的现代化程度、市场机制的建立和完善程度、产业技术创新的程度。为了具有更强的说服力，并增强研究的科学性，将上述微观因素、中观因素、宏观因素进一步在中国知网中验证出现的频数，具体做法是：在中国知网搜索引擎中输入"农业产业化的影响因素"，点击"搜索"，搜索到 26 863 篇农业产业化的影响因素文献（表 4.1），其中，期刊文献有 17 030 篇、硕博士论文有 7825 篇、会议论文有 1234 篇、报纸文章有 774 篇。

表 4.1　农业产业化影响因素文献统计表　　　单位：篇

文献类型	2000年	2001年	2002年	2003年	2004年	2005年	2006年	2007年	2008年	2009年	2010年	2011年	2012年	2013年	总计
期刊	836	858	975	1 203	1 216	1 193	1 414	1 377	1 326	1 451	1 309	1 369	1 353	1 150	17 030
硕博士论文	35	63	114	187	334	480	470	552	583	637	743	1 009	1704	914	7 825
会议论文	22	83	61	78	139	85	124	127	108	147	85	79	56	40	1 234
报纸	17	45	41	46	53	47	15	17	28	138	135	92	81	19	774
总计	910	1 049	1 191	1 514	1 742	1 805	2 023	2 073	2 045	2 373	2 272	2 549	3 194	2 123	26 863

资料来源：根据中国知网数据库统计得出

　　然后，对上述提出的微观因素、中观因素、宏观因素在 26 863 篇文献中进行频数统计（表 4.2～表 4.4）。从统计结果可以看出，微观因素出现的最低频数为2051 篇，最高频数为 8484 篇；中观因素出现的最低频数为 2899 篇，最高频数为8863 篇；宏观因素出现的最低频数为 2522 篇，最高频数为 7309 篇。可以肯定的是，这些因素为影响农业产业化的共性因素。枸杞产业是特殊农业，所以上述影响因素完全符合枸杞产业化研究。

表 4.2　微观影响因素统计表　　　单位：篇

文献类型	农户年龄结构	农户性别比例	家庭规模	户主文化程度	家庭收入	农户的专业化程度	农户生产的意愿	农户对产业合同的遵守程度
期刊	1342	1118	3571	1296	3579	1349	812	1127
硕博士论文	1206	1135	1707	1177	2380	1026	1047	1352

续表

文献类型	农户年龄结构	农户性别比例	家庭规模	户主文化程度	家庭收入	农户的专业化程度	农户生产的意愿	农户对产业合同的遵守程度
会议论文	214	244	31	1426	1289	11	142	509
报纸	60	658	535	130	1236	171	50	45
总计	2822	3155	5844	4029	8484	2557	2051	3033

资料来源：根据中国知网数据库统计得出

表 4.3　中观影响因素统计表　　　　单位：篇

文献类型	农户种植成本	农户家庭种植土地面积	龙头企业的发展程度	企业对农户的技术服务的程度	企业与农户的信息交流程度
期刊	1358	1298	3619	1322	3602
硕博士论文	1226	1321	1572	1257	2359
会议论文	210	246	42	1441	1360
报纸	105	670	540	180	1542
总计	2899	3535	5773	4200	8863

资料来源：根据中国知网数据库统计得出

表 4.4　宏观影响因素统计表　　　　单位：篇

文献类型	地方政府对劳动力的农业技能培训和服务频数	政府在农户规模化经营中的政策引导	政府为形成产业的商业机会做出的努力程度	政府在该产业做出的企业布局合理程度	农产品加工的现代化程度	市场机制的建立和完善程度	产业技术创新的程度
期刊	1251	2013	2899	1224	3600	1423	897
硕博士论文	1227	1456	1700	1312	2212	1020	1239
会议论文	297	288	56	1488	1312	176	258
报纸	129	624	672	217	185	158	128
总计	2904	4381	5327	4241	7309	2777	2522

资料来源：根据中国知网数据库统计得出

第二节　枸杞产业化影响因素理论模型的建构

　　李强（2008）认为，农业产业化的影响因素有微观因素、中观因素和宏观因素，这些因素相互联系、相互影响，共同决定着产业化的形成和发展。柴军（1997）在研究农业产业化的影响因素时认为，农业产业化有两个主要因素：目的因素是提高农业生产的比较利益，直接作用于农民的个体属性；过程因素反映农业产业化的实现手段，是由企业、市场、政府共同作用，通过政策、法规、技术、信息等手段带动产业发展。李静（1996）在研究山东特色农业产业化问题时指出，政府要从宏观角度发挥好服务职能，而企业要担当中观角色，通过技术创新等手段拉长价值链，农民要从微观角度服从于产业化的配置过程。基于上述观点，提出以下假设。

H1：柴达木枸杞产业化问题受微观因素的影响，只有解决好农民自身的一系列微观问题，才能使产业化稳步发展。

H2：柴达木枸杞产业化问题也受中观因素的影响，特别是龙头企业的带动效应在产业化过程中起着显著的作用。

H3：柴达木枸杞产业化问题同时受宏观因素的影响，政府的服务对产业化的形成和发展起着显著的作用。

张若琳和连丽霞（2012）在研究我国创意农业产业化时指出，农户的年龄结构对产业化问题影响较强，特别是在创意过程中年龄为25～35岁阶段的农户，一般比较热衷创意农业的经营。龙方（1996）在研究农业产业化指标体系时认为，农业劳动力的年龄结构合理与否，决定着劳动者自身的投入精力和偏好，这种偏好直接影响产业化的构建水平。孙新章和成升魁（2005）认为，农民的年龄结构、文化水平、偏好、技术等构成劳动力的微观环境。根据上述观点，提出以下假设。

H1.1：柴达木枸杞产业化的微观环境受农户年龄结构的影响。

李强（2008）在实证研究中认为，户主性别影响着农业产业化问题，一般情况下，户主（这里指家庭中的决策者，而非户口登记者）为男性比为女性更能影响产业化发展。张媛和方天堃（2009）研究指出，农村人力资本积累的实质就是投资主体使被投资者农民的自我价值不断实现增值和再增值，通常表现为农村人力资本的存量和增量，这种存量和增量的形成在我国男性比例比女性比例要高。由此，提出以下假设。

H1.2：柴达木枸杞产业化的微观环境受农户户主性别的影响。

银守钰（1999）在研究贫困地区农业产业化问题时认为，在农民自身诱发的生产小环境中，家庭规模影响着产业化进程。曹文志（1997）认为，产业化的顺利实现对以家庭为单位的内环境提出了严格的要求，即农业产业化要具有较强的家庭保障支持系统，家庭规模在这个系统中发挥着重要作用。由此，提出以下假设。

H1.3：柴达木枸杞产业化的微观环境受农户家庭规模的影响。

喻红丹（2004）认为，农业产业化发展阶段，农户户主的文化程度直接关系到产业化的水平，对于贫困地区来说，应该大力发展农村教育，因地制宜，积极发展多种经济合作组织，推进农业产业化与农村城镇化的协同发展，以促进我国贫困地区的农业产业化。陈吉元（1996）认为，在要求逐步扩大农业的生产经营规模、实行农业生产的专业化分工环节上，集约化的农业生产中技术和科技的掌握对农民的文化程度提出了更高的要求。由此，提出以下假设。

H1.4：柴达木枸杞产业化的微观环境受农户户主文化程度的影响。

倪宏存（2000）认为，农业产业化经营在大多数地区仍处在起步阶段的原因是，农民的收入问题没有解决好，高成本和农产品价格偏低，抵消了获利的空间，一些交通闭塞、发展落后的地区有大量土地闲置起来，产业化中龙头企业盘剥了上游农户的利益，产业化发展较滞后。陈伟（2013）指出，农民偏好特色产业的原因是该产业能够提供较大的盈利空间，能在一个较长的时间内使农民的收入稳步增加。由此，提出以下假设。

H1.5：柴达木枸杞产业化的微观环境受家庭收入的影响。

冯浩（2008）在研究农业产业化组织形式与运行机制时认为，我国现在的农业产业化主要以"公司+农户"的契约合作模式为主，这种模式架构以农民的专业化程度为条件。高敏（2006）提出了发展农业产业化经营的动力机制，即以市场为导向，实行贸、工、农一体化是发展农业产业化经营的首要环节；资本形成与保证是发展农业产业化经营的基础；培育、壮大龙头企业是发展农业产业化经营的关键；重视科技进步与推广是发展农业产业化经营的永久动力；造就和培养具有较高专业化程度的新一代农民和农民企业家是发展产业化经营的前提条件。由此，提出以下假设。

H1.6：柴达木枸杞产业化的微观环境受专业化程度的影响。

张学忠和张洪艳（2008）研究认为，农业产业化是以市场为导向，以效益为中心，以农户生产意愿为基础，依靠龙头企业带动和科技进步，对农业和农村经济实行区域化布局、专业化生产，形成"种＋养"一条龙和产、供、销一条龙，以及农、工、商一体化经营，实行社会化服务和企业化管理，将农业再生产过程——产前、产中、产后诸环节联结为一个完整的产业系统的生产经营体系。张守凤（2009）认为，随着产业化的深入，一大批有较高生产意愿的农民企业家、农民商人将脱颖而出。许伟（2007）认为，农业产业化的实质就是用现代产业的理念、原则和方法经营农业，用现代产业的模式改造农业，因此可以说，发展农业产业化经营是具有较高生产意愿的农民促进现代农业发展的建设过程。由此，提出以下假设。

H1.7：柴达木枸杞产业化的微观环境受农民生产意愿的影响。

冯浩（2008）认为，我国现在的农业产业化主要以"公司+农户"的契约合作模式为主，在这种框架下，公司和农户间的道德风险被提到议事日程上来，作为产业链上游的农户应该遵守产业合同，而公司应该提供一个评价农户遵守产业合同的机制和方法。由此，提出以下假设。

H1.8：柴达木枸杞产业化的微观环境受农户遵守产业合同程度的影响。

毛圆圆（2012）实证研究表明，我国农业产业化发展对农民收入增长有显著的正向促进作用，但种植成本严重削弱了农民的利益，影响了农民的积极性。杨明洪和孙继琼（2008）定量分析了中国农业产业化发展的影响因素，结果表明，中国农业产业化表现出较大的空间分布性，种植成本导致了地带内部差异。唐正鸿（2004）认为，规模经营是农业产业化发展的一个基本特征，也是农业产业化发展的基本条件。但是，受"大而全、小而全"思想的影响，农业产业规模较小，卖难、买难、科技推广难的现象严重。农产品零星分散形不成批量，收购成本高，外地客商进不来，群众手中的农产品难以卖出去。生产经营规模小，农民所需的农用物资难以成批购进，而零星购买价格又很高，直接增加了农民的种植成本，加重了农民负担。由此，提出以下假设。

H2.1：柴达木枸杞产业化的中观环境受农户种植成本的影响。

黄连贵等（2008）研究认为，农业产业化经营的发展，对于推动农业结构调整和优势产业集聚、促进农民多渠道就业增收、提高农民组织化程度、提升农业整体水平、加快农业对外开放起到了明显的作用。但农业产业化经营在快速发展过程中面临土地面积减少、利益联结关系不够紧密、部分行业基地建设相对滞后、国际市场贸易壁垒等问题。由此，提出以下假设。

H2.2：柴达木枸杞产业化的中观环境受农户种植土地面积的影响。

徐健和汪旭晖（2009）就订单农业及其组织模式对农户收入的影响进行了统计分析，研究结果表明，参与订单农业能够显著增加农户收入，"龙头企业+经纪人+农户""龙头企业+生产大户+农户""龙头企业+合作社+农户"三种新型订单农业组织模式与传统的"龙头企业+农户"组织模式相比，对农户收入的影响呈现不确定性，其中，"龙头企业+经纪人+农户"模式较之"龙头企业+农户"模式能够显著增加农户收入，而其余两种新型订单农业组织模式在增加农户收入方面，与"龙头企业+农户"模式相比，并没有显著的优势。通过模式研究，他们认为，龙头企业的带动作用只有在第三方的监督下，方能发挥作用，而且在监督机制的作用下，龙头企业的有为效应在逐步扩大。由此，提出以下假设。

H2.3：柴达木枸杞产业化的中观环境受龙头企业发展的影响。

彭熠等（2005）认为，龙头企业作为农业产业化经营系统中的发展极，需要有三方面作用，同时在建设过程中呈现出三大效应。基于发展极理论对农业产业化龙头企业建设的政策建议是，突出发展极龙头企业建设，遵循发展极龙头企业市场选立原则，政府为市场选择创造外部条件，龙头企业与农户结成共担风险的利益共同体，注重资本运营，加强龙头企业对农户的技术服务与扩散，注重农业企业家队伍建设。汪小平（2007）根据520户农业专业大户的调查资料，利用生产函数理论对横截面数据的农业技术进步进行了有关计算。结果表明，农业专业大户的技术进步状况明显高于一般农户。农业技术进步在空间分布上，表现为以中心城区为中心，远离中心城区的农业生产的技术含量降低，生产粗放。龙头企业对农业专业大户技术服务明显比个体农民强，而且技术服务到位的区域，产业化程度较强。由此，提出以下假设。

H2.4：柴达木枸杞产业化的中观环境受龙头企业对农户提供技术服务程度的影响。

郜娜（2011）阐述了发展农业产业化的双重互动性，认为产业化后续最大的发展必须依赖企业与农户间的信息交流，信息交流和信息共享在很大程度上直接支持农户的参与产业化的积极性。牛若峰和夏英（2000）指出，农业产业化经营离不开龙头企业的信息服务和技术支持，有时，这种信息交换是一种倒逼机制，农户自发向企业寻求信息和技术，这是产业化的良性循环。由此，提出以下假设。

H2.5：柴达木枸杞产业化的中观环境受龙头企业与农户信息交流程度的影响。

赵凯等（2013）认为，对于劳动力的农业技能培训和服务频数对其加入农业产业化经营模式意愿的影响在1%的显著性水平下具有显著性，并提出了加强农民专业合作社建设，组建多元化的农业技能培训体系，强化对农户有关农业产业化经营及农民合作知识的普及，进一步强化政府对农业产业化经营的支持力度等政策建议。由此，提出以下假设。

H3.1：柴达木枸杞产业化的宏观环境受地方政府对劳动力的农业技能培训和服务频数的影响。

李臻荣（2012）研究指出，政府应根据市场对农业品的要求，积极探索符合农业产业化的经营管理模式，促进政府引导体系的产业化，在市场经济条件下实施农业产业化经营，重点做好市场培育及开拓。通过实施政府政策发展农产品的企业化，集中表现为政策扶持，这种政策主要表现为：价格的政策支持；税收政策支持和信贷政策支持。由此，提出以下假设。

H3.2：柴达木枸杞产业化的宏观环境受政府对农户规模化经营中的政策引导的影响。

张明林（2006）认为，农业产业化经营的核心内容之一就是政府引导下的商业机会。因此，商业机会有没有形成是农业产业化经营的起点。实际上，商业机会与市场需求存在差异，商业机会一定是某种市场需求，但只有企业能够把握的需求才能成为商业机会，也就是说，市场需求必须和组织资源相匹配，才能由市场需求发展为商业机会。对于农产品加工业来说，技术是至关重要的资源，而在一定时期内，一个国家或组织的技术水平常常成为阻碍由市场需求发展成商业机会的制约因素。因为，许多需求是存在的，但现实社会中缺乏技术支撑，所以，市场需求难以形成商业机会。由此，提出以下假设。

H3.3：柴达木枸杞产业化的宏观环境受政府对形成产业的商业机会作出努力程度的影响。

李俏（2012）认为，在宏观上，要推进政府公共服务机构和科研教育事业单位转型，回归公益性，鼓励社会力量参与提供服务；在微观上，要支持社区成为我国现代农业社会化服务体系建设的重要载体。在对各服务供给主体的功能要求上，政府部门应逐渐从传统意义上的服务供给主导者、竞争规则制定者和强制推行者的角色向服务参与者、服务网络构建者和合作促进者的角色转变，重新进行功能定位，从管理功能向服务功能过渡，以"放权、转移与参与"为改革方向。为增强龙头企业的带动作用，应鼓励创建纵向一体化的合作企业，发展"龙头企业+合作社+农户"模式，并由国家介入，进行规范管理。与此同时，政府要对农村专业合作组织的合作基础进行严格把关，提高农民的科学文化素质，培育其合作能力。另外，要不断完善科研教育单位的科研、教育、推广功能，对社会服务组织进行空间整合。由此，提出以下假设。

H3.4：柴达木枸杞产业化的宏观环境受政府在该产业作出的企业合理布局程度的影响。

张霞（2008）研究指出，农产品加工是我国解决农业、农村、农民问题的一个亮点，传统农业需要农产品加工业的介入以实现现代化。目前，我国农产品加工业的集群化发展趋势日益明显，有些地区已经形成了一批优势农产品加工产业集群和特色鲜明的加工基地，有效缓解了集群地区的"三农"问题。但从总体来说，集群发展规模小、竞争力不强、环境恶化等问题仍然存在，集群的可持续发展受阻。因此，如何发展农产品加工产业集群，如何引导集群的形成，如何促进其发展壮大，如何增强其可持续发展的能力，成为一个重要的研究课题。由此，提出以下假设。

H3.5：柴达木枸杞产业化的宏观环境受产品现代化加工程度的影响。

梁荣（1999）认为，农业产业化的关键在于农业产业化市场。目前，农业产业化市场培育进程中存在的主要问题是：市场发育形态初级化、规模化程度低、调节功能不健全、法规不健全、管理不规范、农产品运销组织化程度低等。促进农业产业化市场发育的方法只能是：进一步培育和完善农产品市场、培育和发展土地市场、培育和发展劳动力市场、培育和发展农村资金市场、建立和培育农业技术市场。吴群和钟钰（2004）研究指出，市场是农业产业化发展的载体和必要条件，是农业产业化的真正龙头。面对市场导向的自发波动性，最有效的办法是建立宏观调控下的农业产业化市场导向机制，实现国家调控市场、市场引导企业、市场引导农户的战略目标。农业产业化市场建设包括市场营销平台建设、市场信息网络建设和市场环境的改善。促进农业产业化必须加强市场法制建设，实行规范化、制度化、法制化管理；导入现代营销理念，促进营销技术和营销方式的创新；大力发展以主导产业为中心的市场中介组织。由此，提出以下假设。

H3.6：柴达木枸杞产业化的宏观环境受市场机制的建立和完善程度的影响。

陈多闻和陈凡（2007）认为，技术创新是我国传统农业焕发蓬勃生机的动力引擎。传统家庭作业方式的重组、高新技术对现有传统农业的改造和农业新技术的产业化，可以说是农业产业化的三种基本方式，但其实质都是农业技术创新，这是一个很复杂的过程，其中各式各样的不确定性和风险性彼此交织、相互作用。农业产业化又离不开公共政策的引导，政府应对市场经济中具有未来潜力的农业弱势群体，即高新农业技术小企业采取积极的扶持政策，采取农业新技术企业孵化器等。由此，提出以下假设。

H3.7：柴达木枸杞产业化的宏观环境受该产业技术创新程度的影响。

限于本书篇幅，理论假设形成的架构图在此省略。

一、研究设计

（一）农户年龄结构

对于农户年龄结构，按我国劳动力年龄（18～60 岁）分为五个阶段：18～25 岁；26～35 岁；36～45 岁；46～55 岁；56～60 岁（及 60 岁以上）。测定分值时按每户人口的平均年龄测算。测度指标见表 4.5。

表 4.5　农户年龄结构测度表

指标	题项	分值
农户年龄结构	18～25 岁	是：1（　） 否：0（　）
	26～35 岁	是：1（　） 否：0（　）
	36～45 岁	是：1（　） 否：0（　）
	46～55 岁	是：1（　） 否：0（　）
	56～60 岁（及 60 岁以上）	是：1（　） 否：0（　）

（二）农户性别比例

农户性别比例的测度，计算方法是分别计算男性和女性在家庭中所占的比例。测度指标见表 4.6。

表 4.6　农户性别比例测度表

指标	题项	分值
农户性别比例	男性占 50% 以上	是：1（　） 否：0（　）
	女性占 50% 以上	是：1（　） 否：0（　）

（三）家庭规模

家庭规模按实际从事枸杞产业的劳动人数来测度，分为1人、2人、3人、4人、大于4人。测度指标见表4.7。

表 4.7　家庭规模测度表

指标	题项/人	分值
	1	是：1（　）否：0（　）
	2	是：1（　）否：0（　）
家庭规模	3	是：1（　）否：0（　）
	4	是：1（　）否：0（　）
	大于4	是：1（　）否：0（　）

（四）户主文化程度

户主的文化程度的测度可被分为：文盲、小学文化程度、初中文化程度、高中文化程度、大学文化程度。测度指标见表4.8。

表 4.8　户主文化程度测度表

指标	题项	分值
	文盲	是：1（　）否：0（　）
	小学文化程度	是：1（　）否：0（　）
户主的文化程度	初中文化程度	是：1（　）否：0（　）
	高中文化程度	是：1（　）否：0（　）
	大学文化程度	是：1（　）否：0（　）

（五）家庭收入

家庭收入指标可被划分为：1万元以下、1万～3万元、30 001～5万元、50 001～8万元、8万元以上。测度指标见表4.9。

表 4.9　家庭收入测度表

指标	题项	分值
	1万元以下	是：1（　）否：0（　）
	1万～3万元	是：1（　）否：0（　）
家庭收入	30 001～5万元	是：1（　）否：0（　）
	50 001～8万元	是：1（　）否：0（　）
	8万元以上	是：1（　）否：0（　）

（六）农户的专业化程度

对农户的专业化程度的测度按蒙永亨和文明礼（2012）界定的指标，即农户的专业化意识、专业化种植、专业化田间管理、专业化采摘、采用专业化科学技术。测度指标见表4.10。

表 4.10　农户的专业化程度测度表

指标	题项	分值
农户的专业化程度	农户的专业化意识	1（ ）　2（ ）　3（ ）　4（ ）　5（ ）
	专业化种植	1（ ）　2（ ）　3（ ）　4（ ）　5（ ）
	专业化田间管理	1（ ）　2（ ）　3（ ）　4（ ）　5（ ）
	专业化采摘	1（ ）　2（ ）　3（ ）　4（ ）　5（ ）
	采用专业化科学技术	1（ ）　2（ ）　3（ ）　4（ ）　5（ ）

（七）农户生产的意愿

对于农户生产的意愿，通过农户能够想法扩大生产规模、农户积极与加工企业进行沟通、农户自发引进苗木、农户积极参加技术培训、农户积极服从政策引导进行测度。测度指标见表4.11。

表 4.11　农户生产的意愿测度表

指标	题项	分值
农户生产的意愿	农户能够想法扩大生产规模	1（ ）　2（ ）　3（ ）　4（ ）　5（ ）
	农户积极与加工企业进行沟通	1（ ）　2（ ）　3（ ）　4（ ）　5（ ）
	农户自发引进苗木	1（ ）　2（ ）　3（ ）　4（ ）　5（ ）
	农户积极参加技术培训	1（ ）　2（ ）　3（ ）　4（ ）　5（ ）
	农户积极服从政策引导	1（ ）　2（ ）　3（ ）　4（ ）　5（ ）

（八）农户对产业合同的遵守程度

产业化必须实现"公司+农户"或"公司+行业协会+农户"的模式，由此涉及农户对产业合同的遵守程度的相关问题，对农户对产业合同的遵守程度的测度指标划分为：农户在一般情况下能够履行和公司签订的合同条款；市场价格上升的情况下逃避合同规定，而将枸杞转卖给小商小贩；企业服务不到位的情况下一般不遵守合同。测度指标见表4.12。

表 4.12　农户对产业合同的遵守程度测度表

指标	题项	分值
农户对产业合同的遵守程度	农户在一般情况下能够履行和公司签订的合同条款	1（　）2（　）3（　）4（　）5（　）
	市场价格上升的情况下逃避合同规定，而将枸杞转卖给小商小贩	1（　）2（　）3（　）4（　）5（　）
	企业服务不到位的情况下一般不遵守合同	1（　）2（　）3（　）4（　）5（　）

（九）农户种植成本

农户种植成本按购买化肥成本较高、田间管理成本较高、雇佣采摘人员成本较高测度。测度指标见表 4.13。

表 4.13　农户种植成本测度表

指标	题项	分值
农户种植成本	购买化肥成本较高	1（　）2（　）3（　）4（　）5（　）
	田间管理成本较高	1（　）2（　）3（　）4（　）5（　）
	雇佣采摘人员成本较高	1（　）2（　）3（　）4（　）5（　）

（十）农户家庭种植土地面积

农户家庭种植土地面积的测度可被划分为 20～29 亩、30～39 亩、40～49 亩、50～59 亩、60～69 亩、70～79 亩、80～89 亩、90～100 亩、大于 100 亩。测度指标见表 4.14。

表 4.14　农户家庭种植土地面积测度表

指标	题项/亩	分值
农户家庭种植土地面积	20～29	是：1（　）否：0（　）
	30～39	是：1（　）否：0（　）
	40～49	是：1（　）否：0（　）
	50～59	是：1（　）否：0（　）
	60～69	是：1（　）否：0（　）
	70～79	是：1（　）否：0（　）
	80～89	是：1（　）否：0（　）
	90～100	是：1（　）否：0（　）
	大于 100	是：1（　）否：0（　）

（十一）龙头企业的发展程度

龙头企业的发展程度的测度由下列指标构成：企业有很好的经营理念、企业的带动效应强、企业的资金雄厚、企业创新能力强、企业的规模大、企业开拓市场的能力强、企业的诚信度高。测度指标见表 4.15。

表 4.15　龙头企业的发展程度测度表

指标	题项	分值
龙头企业的发展程度	企业有很好的经营理念	1（　） 2（　） 3（　） 4（　） 5（　）
	企业的带动效应强	1（　） 2（　） 3（　） 4（　） 5（　）
	企业的资金雄厚	1（　） 2（　） 3（　） 4（　） 5（　）
	企业创新能力强	1（　） 2（　） 3（　） 4（　） 5（　）
	企业的规模大	1（　） 2（　） 3（　） 4（　） 5（　）
	企业开拓市场的能力强	1（　） 2（　） 3（　） 4（　） 5（　）
	企业的诚信度高	1（　） 2（　） 3（　） 4（　） 5（　）

（十二）企业对农户的技术服务的程度

企业对农户的技术服务的程度的测度可被划分为：龙头企业每年定期为农户进行种植技术培训、龙头企业为农户提供干果加工技术、龙头企业提供不可抗力因素发生时的技术支持。测度指标见表 4.16。

表 4.16　企业对农户的技术服务的程度测度表

指标	题项	分值
企业对农户的技术服务的程度	龙头企业每年定期为农户进行种植技术培训	1（　） 2（　） 3（　） 4（　） 5（　）
	龙头企业为农户提供干果加工技术	1（　） 2（　） 3（　） 4（　） 5（　）
	龙头企业提供不可抗力因素发生时的技术支持	1（　） 2（　） 3（　） 4（　） 5（　）

（十三）企业与农户的信息交流程度

企业与农户的信息交流程度的测度可以被划分为：龙头企业与农户信息交流的次数较多、龙头企业与农户交流的信息量大、龙头企业与农户信息交流的质量高。测度指标见表 4.17。

表 4.17　企业与农户的信息交流程度测度表

指标	题项	分值
企业与农户的信息交流程度	龙头企业与农户信息交流的次数较多	1（　） 2（　） 3（　） 4（　） 5（　）
	龙头企业与农户交流的信息量大	1（　） 2（　） 3（　） 4（　） 5（　）
	龙头企业与农户信息交流的质量高	1（　） 2（　） 3（　） 4（　） 5（　）

（十四）地方政府对劳动力的农业技能培训和服务频数

地方政府对劳动力的农业技能培训和服务频数的测度可以被划分为：地方政府每年能够集中对人员的种植技术进行培训、地方政府每年能够集中对人员的田间管理技术进行培训、每年进行采摘技术培训、培训次数较多、培训形式多样。测度指标见表 4.18。

表 4.18　地方政府对劳动力的农业技能培训和服务频数测度表

指标	题项	分值
地方政府对劳动力的农业技能培训和服务频数	地方政府每年能够集中对人员的种植技术进行培训	1（ ）　2（ ）　3（ ）　4（ ）　5（ ）
	地方政府每年能够集中对人员的田间管理技术进行培训	1（ ）　2（ ）　3（ ）　4（ ）　5（ ）
	每年进行采摘技术培训	1（ ）　2（ ）　3（ ）　4（ ）　5（ ）
	培训次数较多	1（ ）　2（ ）　3（ ）　4（ ）　5（ ）
	培训形式多样	1（ ）　2（ ）　3（ ）　4（ ）　5（ ）

（十五）政府在农户规模化经营中的政策引导

政府在农户规模化经营中的政策引导的测度可被划分为：政府的价格政策较好、政府的税收鼓励政策较好、信贷政策较好。测度指标见表 4.19。

表 4.19　政府在农户规模化经营中的政策引导测度表

指标	题项	分值
政府在农户规模化经营中的政策引导	政府的价格政策较好	1（ ）　2（ ）　3（ ）　4（ ）　5（ ）
	政府的税收鼓励政策较好	1（ ）　2（ ）　3（ ）　4（ ）　5（ ）
	信贷政策较好	1（ ）　2（ ）　3（ ）　4（ ）　5（ ）

（十六）政府为形成产业的商业机会做出的努力程度

政府为形成产业的商业机会做出的努力程度的测度指标可被划分为：政府能够组织投资商加盟该产业的开发、政府能够利用宣传工具加大枸杞产业的宣传力度、政府能够积极投入到产业的市场开发和建设中、政府成立了专门的管理机构。测度指标见表 4.20。

表 4.20　政府为形成产业的商业机会做出的努力程度测度表

指标	题项	分值
政府为形成产业的商业机会做出的努力程度	政府能够组织投资商加盟该产业的开发	1（ ）　2（ ）　3（ ）　4（ ）　5（ ）
	政府能够利用宣传工具加大枸杞产业的宣传力度	1（ ）　2（ ）　3（ ）　4（ ）　5（ ）
	政府能够积极投入到产业的市场开发和建设中	1（ ）　2（ ）　3（ ）　4（ ）　5（ ）
	政府成立了专门的管理机构	1（ ）　2（ ）　3（ ）　4（ ）　5（ ）

（十七）政府在该产业做出的企业布局合理程度

政府在该产业做出的企业合理布局程度的测度可被划分为：政府积极扶持龙头企业、政府在枸杞产业链架构中对中小企业给予优惠政策、政府营造了良好的竞争环境、政府努力打造生态生产模式、政府鼓励企业的创新投资。测度指标见表 4.21。

表 4.21　政府在该产业做出的企业布局合理程度测度表

指标	题项	分值
政府在该产业做出的企业布局合理程度	政府积极扶持龙头企业	1（　）　2（　）　3（　）　4（　）　5（　）
	政府在枸杞产业链架构中对中小企业给予优惠政策	1（　）　2（　）　3（　）　4（　）　5（　）
	政府营造了良好的竞争环境	1（　）　2（　）　3（　）　4（　）　5（　）
	政府努力打造生态生产模式	1（　）　2（　）　3（　）　4（　）　5（　）
	政府鼓励企业的创新投资	1（　）　2（　）　3（　）　4（　）　5（　）

（十八）农产品加工的现代化程度

农产品加工的现代化程度的测度可被划分为：有特色鲜明的加工基地、有现代化的加工设备、有一批现代化加工生产队伍。测度见表 4.22。

表 4.22　农产品加工的现代化程度测度表

指标	题项	分值
农产品加工的现代化程度	有特色鲜明的加工基地	1（　）　2（　）　3（　）　4（　）　5（　）
	有现代化的加工设备	1（　）　2（　）　3（　）　4（　）　5（　）
	有一批现代化加工生产队伍	1（　）　2（　）　3（　）　4（　）　5（　）

（十九）市场机制的建立和完善程度

市场机制的建立和完善程度的测度可被划分为：有良好的市场营销平台、有良好的市场信息网络、市场环境良好、有良好的市场法制保障体系。测度指标见表 4.23。

表 4.23　市场机制的建立和完善程度测度表

指标	题项	分值
市场机制的建立和完善程度	有良好的市场营销平台	1（　）　2（　）　3（　）　4（　）　5（　）
	有良好的市场信息网络	1（　）　2（　）　3（　）　4（　）　5（　）
	市场环境良好	1（　）　2（　）　3（　）　4（　）　5（　）
	有良好的市场法制保障体系	1（　）　2（　）　3（　）　4（　）　5（　）

（二十）产业技术创新的程度

产业技术创新程度的测度可被划分为：拥有一批高新枸杞生产技术的小企业、新技术企业孵化器效应较强、龙头企业的技术外溢效应较强。测度指标见表 4.24。

表 4.24　产业技术创新的程度测度表

指标	题项	分值
产业技术创新的程度	拥有一批高新枸杞生产技术的小企业	1（　） 2（　） 3（　） 4（　） 5（　）
	新技术企业孵化器效应较强	1（　） 2（　） 3（　） 4（　） 5（　）
	龙头企业的技术外溢效应较强	1（　） 2（　） 3（　） 4（　） 5（　）

二、问卷设计与数据收集

在梳理国内对本书中涉及的相关研究的基础上，根据实证研究中数据收集的难易程度，我们在测量项目（显变量）的选择中尽量做到语言方面的通俗易懂，而且为了测度的需要，最大限度做到测度内容的完整性。由此形成调查问卷（见附录），并选择宁夏的枸杞产业化进行小范围的预调研，并征求对问卷结构和相关测度指标的合理性、可理解性等意见。在预调研中，为了反映调研对象对题项的理解和认真程度，我们还在问卷的第一部分设计了填写完整个问卷所用的时间这一项。从调研的 35 份问卷结果看，有 20 份问卷花费时间为 1 小时，有 2 份问卷花费时间为 40 分钟，有 7 份问卷花费时间为 1 小时 20 分钟，有 6 份问卷花费时间为 50 分钟，平均花费时间为 1 小时。在预调研中，主要发现以下问题：57%的被调研者能在 1 小时左右的时间内答完问卷所提的问题，这个时间比较合理；23%的被调研者在不到 1 小时的时间内完成了问卷的答题，从答题结果看，有些题项在没有认真阅读或理解不了的情况下，随意选择分值；20%的被调研者花费较长的时间，而且认真阅读题项，对不理解或存在问题的地方，画出标记，并提出了修改意见。根据预调研的结果，再一次对问卷进行逐项斟酌和修改，明确问卷中的语义，由此形成了本书的正式调研问卷。调研问卷由三部分组成。第一部分是情况介绍，主要是让被调研者从背景资料中认识此次调研的目的、调研的内容。第二部分是调研对象的基本信息，这部分信息有助于样本的选择、有效问卷的筛选和统计性描述。第三部分是填写说明及调研问卷，填写说明的目的在于让被调研者了解问卷中题项的结构安排，明确问卷的填写方法及注意事项；调研问卷的主体部分按照微观影响因素、中观影响因素、宏观影响因素方式进行排序，分类设计。在问卷设计中，按问题导向的思路，围绕技术董事协同能力和产业链信任研究的核心内容展开，采用了学术界惯用的结构化排布方式。对有些测量语句采用"是、否"判断测量，对"是"的分值设定为 1，对"否"的分值设定为 0；对另一些测量语句则采用五级利克特（Likert）量表方式进行测度，数字 1 代表"很不赞同"、数字 2 代表"不赞同"、数字 3 代表"无所谓"、数字 4 代表"赞同"、数字 5 代表"非常赞同"。此量表中，从 1 到 5，随着数字的不断增加，所代表测项的符合程度逐渐加强。为了能搜集到对本书有效的信息，在问卷调研过程中，尽可能做到以下几点。①微观部分尽量做到符合调研对象的实际，突出枸杞的行业特征，为了保证选择的样本具有普遍性，在兼顾选择不同地区（宁夏地区、新疆地区和柴达木地区）的样本之外，还要兼顾不同农户的实际。②本书涉及农户、企业和政府相关部门，而且以农户为重。因此，将微观因素的调研作为侧重点，而关于调研的地区，柴达木地区集中在柴达木地区两个乡，宁夏地区集中在宁夏农户在柴达木的枸杞生产基地，新疆地区集中在伊犁地区的枸杞产业基地，之所以选择宁夏地区和新疆地区，主要目的在于有一个比较样本分析。③对于中观因素，选择产业链的主要节点企业，地区放在德令哈、格尔木、西宁、宁夏地区（因为宁夏枸杞生产企业的许多枸杞都来源于柴达木）。④宏观因素主要集中在海西州政府相关部门、都兰县相关部门、格尔木市政府相关部门、青海省林业局、青海省农业厅等部门。James 等（1982）研究指出，要保证结构模型具有良好的适配度（有时也被称为拟合优度），必须有足够的样本来支持。Loehlin（1992）研究认为，结构模型分析要达到较好适配的程度，其样本至少保证在 100～200 个。另外，本书在测量模型中使用了因子分析方法，对因子分析而言，样本的要求比较严格，一般不能少于被测潜变量的 10～20 倍（吴明隆，2009）。根据上述文献所提供的依据，本书将样本数量确定在 200～300 个的水平。调研过程中，采用实地调研、电话访谈、电子邮件等方式，调研通过一年（2009 年 1 月至 2009 年 12 月）完成。调研中发放问卷 400 份，回收 280 份，回收率为 70%，在对回收得到的问卷进行整理的过程中发现，有 13 份问卷由于不满足调查要求被剔除，有 3 份问卷由于没有答完题目被剔除，有 1 份问卷由于没有写明调查对象的基本情况被剔除。因此，调研实际取得的有效问卷为 263 份。按照 Gaedeke 和 Tooltehan（1976）研究的观点，有效问卷回收程度达到 20% 即可接受，本次调研的结果是有效的，而且基本满足数据分析的要求。

三、模型检验及程序

（一）模型的检验方法

结构方程模型是当今社会与行为领域量化研究的重要统计方法，它将统计分析中传统的"因子分析"与"线性模型的回归分析"有机融合，对符合因果关系的模型进行关系识别、参数估计和数据检验。在量化研究向多变量、多路径转化的过程中，许多学者将结构方程模型作为统计分析的工具，使结构方程模型逐渐成为数据检验和分析的一门显学（吴明隆，2009）。

结构方程模型工具的最大特点是将多个自变量与多个因变量间的相互关系进行验证，对解释变量与潜在变量间的关系模型进行评价，并通过可供观测的变量直接研究不能直接被观测的潜在变量。与传统分析工具相比，结构方程模型具有以下优点：结构方程模型工具是建立在理论的先验基础上，检验假设模型的适配性的，而非传统的探索性统计方法；结构方程模型通过将测量与分析合二为一的计量研究方法，既可以估计指标的测量误差，又可以对指标的信度和效度进行评估；结构方程模型利用协方差矩阵，解释多个变量间的关联性，同时可以利用理论模型的协方差与实际数据的协方差，研究两者间的差异；适用于大样本分析。

在现代管理研究中，结构方程模型有着广阔的应用空间。首先，管理活动因涉及大量人的因素而变得十分复杂，要研究变量间存在的关系，不仅要考虑变量间的相关关系，还要将包括人的行为等相关要素都考虑进来，才能使研究反映出真实的结果。结构方程模型弥补了传统统计技术的缺点，可以通过对测量模型与结构模型间所有变量信息的分析，增强模型的拟合程度，分析出来的结论具有很强的参考价值。其次，结构方程理论模型的构建是建立在概念化的基础之上的，而且允许有一个对构念进行验证的过程，能够观察到没有发觉的概念关系。现代研究中，由于行为学科渗透到管理研究领域，许多管理问题存在难以测度的变量，如微观因素、中观因素、宏观因素等变量，结构方程模型将这些变量划归为潜变量，通过转换的方式将这些潜变量变为可测度的显变量进行观测，为分析这些变量间的关系提供了便利条件。最后，结构方程模型在处理管理研究中经常出现的特殊问题的时候显得更为便利。例如，人的态度，其维度研究涉及许多不同的视角和层面，对一级概念和二级概念模糊不清，有的研究认为，态度的维度是人的认知、情感和意向，对每个维度又划分出许多测项进行测度；还有的研究将态度首先划分为人的心理活动（一级概念），然后再划分为认知、情感、意向（二级概念），划分二级概念的视角又不同，划分出了若干态度的维度。所以对态度的维度难以确定到底是几级维度研究，而结构方程模型通过比较不同维度划分的拟合效果，选择出更合理的模型，以供研究参考。

本书的研究中，部分涉及人的心理表现，因此对这些变量的研究也不同程度表现出难以测度、误差较大、因果关系不明等问题，如果采用传统的多元回归模型来分析，其结果不可能理想，而其他方法，如实验方法，又局限于情景的模拟，在不同被调研者的行为存在较大差异的前提下，其结果会产生歧义，不可能有较强的解释力。本书架构的结构方程模型涉及较多的变量，变量间表现的结构关系比较复杂，对模型有较高的整体分析要求，所以选择结构方程模型对本书来讲，既可以解决由行为指标带来的难以测度的困难，又可以分析技术董事协同能力和产业链信任间较为复杂的因果关系。本书主要采用 SPSS 17.0 分析变量的特征，采用 AMOS 14.0 分析整个模型的结构及内在变量间的关系。

（二）结构方程模型的基本原理

结构方程模型可被概括为结构模型和测量模型、潜在变量（内源变量）和观测变量（外源变量）、变量间的路径三部分。结构方程模型的潜在变量之间构成的因果关系被称为结构模型，而这些潜在变量，分别用一组观测变量来测度，构成测量模型。模型的先验假设是基于线性回归模型及相对应的观测变量的，潜在变量用观测变量的线性组合来表示。

结构方程模型的矩阵表达式为

$$\begin{cases} X = \lambda_X \xi + \delta \\ Y = \lambda_Y \eta + \varepsilon \\ \eta = \Gamma \xi + \varsigma \end{cases}$$

其中，X 和 Y 表示测量模型，为 $m \times 1$ 阶、$n \times 1$ 阶观测变量矩阵；η 表示结构模型，为 $m \times 1$ 阶内源潜变量矩阵；ξ 为 $n \times 1$ 阶外源潜变量矩阵；δ、ε、ς 为误差矩阵，δ 与 ξ、ε 与 η、ε 与 ξ、δ 与 η 均不相关；λ_X、λ_Y、Γ 为路径参数矩阵。

利用结构方程模型研究柴达木枸杞产业化问题，具体步骤如下。

第一步：依据一定的理论文献研究和实践中反映出来的经验，架构观测变量与潜变量的关系。此过程涉及调研问卷的具体设计，其思想是将基本符合的事实罗列在一起，选择调研对象，进行预调研，具体回答的问题就是观测变量。

第二步：采用文献法，梳理出微观因素、中观因素、宏观因素，并在调研数据的基础上，分析问卷的信度和效度。

第三步：根据以往研究的文献，进一步明确观测变量和潜在变量，分析潜变量间的因果关系。

第四步：架构因果结构图，并且将相关变量标注到路径图上。

第五步：模型的识别性验证及参数估计。模型的识别性验证是检验模型在待估计参数下能否求解。估计中尽量做到协方差与估计的方差协方差间的差异，用预测方差协方差和观测方差协方差的差值作为残差，采用最大似然法进行参数的估计。

第六步：模型的拟合检验。检验中对整体模型采用卡方（Chi-square）检验，对测量模型采用信度和效度检验，对结构模型的路径参数采用显著性检验。

第七步：模型修订。如果架构的理论模型合理，即事先假设的潜变量间的关系符合验证条件，那么就可以得出假设合理的结论。如果模型没有通过拟合要求，就要对模型进行修订。最终得出一个既符合统计要求，又符合实际解释的模型。

对观测变量进行信度和效度的分析时，采用 SPSS 17.0，主要用抽样适当性参数（Kaiser-Meyer-Olkin measure of sampling adequacy，KMO）、Bartlett's 球形检验、正交旋转矩阵进行检验。KMO 值越大，观测变量间的共性越强，因子检验越符合要求。依据 Kaiser（1974）的研究观点，若 KMO 值小于 0.5，则不宜采用因子检验；若 KMO 值大于 0.7，则适合采用因子检验；若 KMO 值大于 0.9，则非常适合采用因子检验。Bartlett's 球形检验主要验证观测变量间是否相互独立，即各观测变量构成的相关矩阵是否构成单位矩阵，若 Sig 的值小于 0.05，则观测变量间不是相互独立的；Sig 的值必须大于 0.05，才能说明变量间的相互独立性。对变量的路径参数检验采用正交旋转矩阵，factor loading 大于 0.4，就认为检验有效（黄海等，2001）。

在探索性因子检验的基础上，用 AMOS 14.0 进行验证性验因子检验，通过路径图、多种拟合指标，判定模型的拟合程度。判定模型拟合程度的指标主要有以下七种。

（1）卡方-自由度（df）比 χ^2/df。χ^2 的计算公式是 $\chi^2=(n-1)F$，F 表示拟合函数值，n 表示样本规模。卡方值越小，拟合精度越高，当 $\chi^2=0$ 时，模型对数据是完美拟合的。但卡方值与样本规模的相关性较强，常常由于样本的规模太小，影响数据的拟合检验。根据粗略原则（rough rule of thumb）的规定，若 χ^2/df 大于或等于 3，可认为模型的拟合较好。

（2）适配度指数（goodness of fit index，GFI）。适配度指数的计算公式为

$$GFI=1-\frac{tr\left[\varSigma^{-1}(S-\varSigma)\right]^2}{tr(\varSigma^{-1}S)^2}$$，S 表示观测矩阵，$\varSigma$ 表示协方差可被复制矩阵。适配度

指数的值在一般情况下，介于 0～1，适配度指数的值与复回归分析中的 R^2 一样，其值越接近 1，表示模型的适配效果越好，对适配度指数的判断标准，采用适配度指数的值大于 0.90，则表示模型具有良好的适配度。

（3）调整后适配度指数（adjusted goodness of fit index，AGFI）。调整后适配度指数不受其他因素的限制，一般情况下，会随着样本容量的增加，其值显著提高。调整后适配度指数不仅考虑到估计参数和观测变量的数目，而且还通过假设模型的自由度和变量数目的比值来修订模型。调整后适配度指数的计算公式为

$$AGFI = 1 - (1 - GFI)\left[\frac{k(k+1)}{2df}\right]$$，k 表示模型中的变量数目，df 表示自由度。其判断标准为，调整后适配度指数的值大于 0.90 时，模型具有良好的适配度（Hu and Bentler，1999）。

（4）渐进误差均方和平方根（root mean square error of approximation，RMSEA）。渐进误差均方和平方根的计算公式为 $RMSEA = \sqrt{\max(\frac{F}{df} - \frac{1}{N-1}, 0)}$，$F$ 表示适配函数的最小值，N 为样本数。一般情况下，渐进误差均方和平方根的值大于 0.10 时，模型的适配较差（poor fit）；渐进误差均方和平方根的值介于 0.08～0.10，可认为模型具有普通适配（mediocre fit）；渐进误差均方和平方根的值小于 0.05 时，模型具有良好的适配度（good fit）（Steiger，1989）。

（5）比较适配指数（comparative fit index，CFI）。比较适配指数是由 Bentler（1990）首先提出的，后来 Hu 和 Bentler（1995）对其进行了改进，其计算公式为 $CFI = \frac{(\chi_{null}^2 - df_{null}) - (\chi_{test}^2 - df_{test})}{\chi_{null}^2 - df_{null}}$，$\chi_{null}^2$、$\chi_{test}^2$ 分别表示虚无模型、假设模型的卡方值；df_{null}、df_{test} 分别表示虚无模型、假设模型的自由度。比较适配指数的值实际判断的标准为 0.90 以上（吴明隆，2009），但 Hu 和 Bentler（1995）认为，比较适配指数的值在 0.95 以上时，模型的适配才很完美。

（6）标准适配指数（normal fit index，NFI）。其计算公式为 $NFI = \frac{\chi_{null}^2 - \chi_{test}^2}{\chi_{null}^2}$。对标准适配指数的值的判断标准，一般认为，当标准适配指数的值大于 0.90 时，模型的适配度良好。

（7）递增适配指数（incremental fit index，IFI）。递增适配指数是对标准适配指数的一种修订，当递增适配指数的值大于 0.90 时，模型的适配效果良好。

另外，结构方程模型是建立在一定的理论研究基础上，形成模型中的变量和基本路径的。因此，模型的拟合较为理想时，可认为理论模型的建构、假设是合理的，以此达到本书的实证目标。

（三）变量的设定

柴达木枸杞产业化研究所建立的结构方程模型，包含测量模型和结构模型两部分，测量模型涉及观测变量和潜变量，潜变量分为外源潜变量和内源潜变量。分清变量的类型，并对变量通过符号标注，有利于建构路径图，也对模型的结构分析提供便利条件。根据前文对各变量度量项目的研究，按外源和内源对变量进行符号标注，如表 4.25～表 4.27 所示。

表 4.25 柴达木枸杞产业化微观因素外源变量设定

外源潜变量	外源潜变量符号标识	外源观测变量名称	外源观测变量符号标识
农户年龄结构	NJ	18～25 岁	a1
		26～35 岁	a2
		36～45 岁	a3
		46～55 岁	a4
		56～60 岁（及 60 岁以上）	a5
农户性别比例	XB	男性占 50%以上	b1
		女性占 50%以上	b2
家庭规模/人	JG	1	c1
		2	c2
		3	c3
		4	c4
		大于 4	c5
农户的文化程度	WC	文盲	d1
		小学文化程度	d2
		初中文化程度	d3
		高中文化程度	d4
		大学文化程度	d5
家庭收入	JS	1 万元以下	e1
		1 万～3 万元	e2
		30 001～5 万元	e3
		50 001～8 万元	e4
		8 万元以上	e5
农户的专业化程度	ZC	农户的专业化意识	f1
		专业化种植	f2
		专业化田间管理	f3
		专业化采摘	f4
		采用专业化科学技术	f5
农户生产的意愿	YY	农户能够想法扩大生产规模	g1
		农户积极与加工企业进行沟通	g2
		农户自发引进苗木	g3
		农户积极参加技术培训	g4
		农户积极服从政策引导	g5

外源潜变量	外源潜变量符号标识	外源观测变量名称	外源观测变量符号标识
农户对产业合同的遵守程度	HT	农户在一般情况下能够履行和公司签订的合同条款	h1
		市场价格上升的情况下逃避合同规定，而将枸杞转卖给小商小贩	h2
		企业服务不到位的情况下一般不遵守合同	h3

表 4.26　柴达木枸杞产业化中观因素外源变量设定

外源潜变量名称	外源潜变量符号标识	外源观测变量名称	外源观测变量符号标识
农户种植成本	CB	购买化肥成本较高	i1
		田间管理成本较高	i2
		雇佣采摘人员成本较高	i3
农户家庭种植土地面积/亩	MJ	20～29	j1
		30～39	j2
		40～49	j3
		50～59	j4
		60～69	j5
		70～79	j6
		80～89	j7
		90～100	j8
		大于100	j9
龙头企业的发展程度	QF	企业有很好的经营理念	k1
		企业的带动效应强	k2
		企业的资金雄厚	k3
		企业创新能力强	k4
		企业的规模大	k5
		企业开拓市场的能力强	k6
		企业的诚信度高	k7
企业对农户的技术服务的程度	JF	龙头企业每年定期为农户进行种植技术培训	l1
		龙头企业为农户提供干果加工技术	l2
		龙头企业提供不可抗力因素发生时的技术支持	l3
企业与农户的信息交流程度	XJ	龙头企业与农户信息交流的次数较多	m1
		龙头企业与农户交流的信息量大	m2
		龙头企业与农户信息交流的质量高	m3

表 4.27　柴达木枸杞产业化宏观因素外源变量设定

外源潜变量名称	外源潜变量符号标识	外源观测变量名称	外源观测变量符号标识
地方政府对劳动力的农业技能培训和服务频数	PF	地方政府每年能够集中对人员的种植技术进行培训	n1
		地方政府每年能够集中对人员的田间管理技术进行培训	n2
		每年进行采摘技术培训	n3
		培训次数较多	n4
		培训形式多样	n5
政府在农户规模化经营中的政策引导	ZY	政府的价格政策较好	o1
		政府的税收鼓励政策较好	o2
		信贷政策较好	o3
政府为形成产业的商业机会做出的努力程度	NL	政府能够组织投资商加盟该产业的开发	p1
		政府能够利用宣传工具加大枸杞产业的宣传力度	p2
		政府能够积极投入到产业的市场开发和建设中	p3
		政府成立了专门的管理机构	p4
政府在该产业做出的企业布局合理程度	BJ	政府积极扶持龙头企业	q1
		政府在枸杞产业链架构中对中小企业给予优惠政策	q2
		政府营造了良好的竞争环境	q3
		政府努力打造生态生产模式	q4
		政府鼓励企业的创新投资	q5
枸杞加工的现代化程度	XD	有特色鲜明的加工基地	r1
		有现代化的加工设备	r2
		有一批现代化加工生产队伍	r3
市场机制的建立和完善程度	SW	有良好的市场营销平台	s1
		有良好的市场信息网络	s2
		市场环境良好	s3
		有良好的市场法制保障体系	s4
产业技术创新的程度	NX	拥有一批高新枸杞生产技术的小企业	t1
		新技术企业孵化器效应较强	t2
		龙头企业的技术外溢效应较强	t3

第五章　柴达木枸杞产业化数据分析

第四章对柴达木枸杞产业化架构了结构方程模型，提炼了变量及变量的测度指标，对结构方程中的变量进行了设置，对问卷设计和样本的选择详细作了介绍。本章采用 SPSS 17.0 对数据的特征进行描述，并进行探索性因子分析；采用 AMOS 14.0 在验证性因子分析的基础上，对本书的结构方程模型进行拟合优度检验。

第一节　数据的描述性统计及现状分析

一、描述性统计

在数据的相关特征描述方面，采用表格的形式加以统计说明，表 5.1 给出了农户年龄结构的统计结果，从统计结果可以看出，调研的 263 户农户中，年龄结构介于 18~25 岁的有 37 户，占 14.07%；26~35 岁的有 73 户，占 27.76%；36~45 岁的有 93 户，占 35.36%；46~55 岁的有 34 户，占 12.92%；56~60 岁（及60 岁以上）的有 26 户，占 9.88%。

表 5.1　农户中平均年龄结构统计表

年龄	18~25 岁	26~35 岁	36~45 岁	46~55 岁	56~60 岁（及60 岁以上）	合计
户数/户	37	73	93	34	26	263

农户性别比例的统计结果显示（表 5.2），农户中男女性比例各占 50% 的有75 户（夫妻两人户），占 28.52%；男性占 50% 以上的有 106 户，占 40.3%；女性占 50% 以上的有 82 户，占 31.17%。

表 5.2　农户性别比例统计表

比例	男女性比例各占 50%	男性占 50% 以上	女性占 50% 以上	合计
户数/户	75	106	82	263

家庭规模统计结果显示（表 5.3），1 人的户数为 0 户；2 人的户数为 75 户，占 28.52%；3 人的户数为 127 户，占 48.28%；4 人的户数为 32 户，占 12.16%；大于 4 人的户数为 29 户，占 11.02%。

表5.3　家庭规模统计表

规模/人	1	2	3	4	大于4	合计
户数/户	0	75	127	32	29	263

　　户主的文化程度统计结果显示（表5.4），文盲有0人，占13.3%；小学文化程度的有52人，占19.77%；初中文化程度的有119人，占45.24%；高中文化程度的有92人，占34.98%；大学文化程度的有0人。

表5.4　农户户主文化程度统计表

文化程度	文盲	小学文化程度	初中文化程度	高中文化程度	大学文化程度	合计
人数/人	0	52	119	92	0	263

　　家庭收入统计结果显示（表5.5），收入1万元以下的家庭为0户；1万~3万元的家庭为24户，占9.12%；30 001~5万元的家庭为96户，占36.5%；50 001~8万元的家庭为80户，占30.42%；8万元以上的家庭为63户，占23.95%。

表5.5　家庭收入统计表

家庭收入	1万元以下	1万~3万元	30 001~5万元	50 001~8万元	8万元以上	合计
户数/户	0	24	96	80	63	263

　　另外，从农户家庭种植土地面积统计结果可以看出，20~29亩的农户为12户，占4.56%；30~39亩的农户为19户，占7.22%；40~49亩的农户36户，占13.68%；50~59亩的农户占58户，占22.05%；60~79亩的农户31户，占11.78%；80~89亩的农户为72户，占27.37%；90~100亩的农户为22户，占8.36%；大于100亩的农户为13户，占4.94%。这说明规模化经营的农户占多数。

　　前文农户的调研统计显示，农户的特征描述能够基本满足本书实证的要求。另外，为了了解柴达木枸杞产业化内在的问题，在问卷的最后设计了一些能够从不同侧面反映问题的描述性题项，有利于把握枸杞产业化的现状。

　　目前，柴达木枸杞产业刚刚起步，在青海省各级政府的努力下，做出了以下枸杞产业化布局："海西地区重点发展枸杞种植业，依托现有枸杞种植基地，以格尔木、德令哈、都兰、乌兰四个区域为中心，向四周辐射。省内其他地区，根据实际情况适度发展；海西州、西宁市重点发展枸杞加工业。统筹考虑原材料生产规模和产业链的延伸，新建的枸杞加工企业集中布局在德令哈生物产业园，建设鲜果加工基地，生产枸杞干粉、枸杞黄酮、枸杞酒、枸杞特色茶等制品；西宁地区以生物科技产业园为依托，发展枸杞系列深加工产品，并进行新产品、新技术的研发。"①各个重点项目已开始有条不紊地实施。

二、柴达木枸杞产业化的现状分析

从 2000 年开始，柴达木枸杞在各项工程项目的带动下，种植面积不断扩大，成活率也比较高。柴达木地区沙漠化严重，发展沙产业是促进经济发展的重要手段，"至 2009 年底，各级林业部门共投资 5000 万元，种植枸杞生态林 48 470 亩。其中退耕还林面积 2 万亩"。②青海省的生态立省的战略中，"柴达木盆地生态环境的综合治理工程"是重中之重。柴达木所辖的海西州产业结构调整，促使枸杞产业大力发展，"海西州在 2008 年投资 1260 万元用于扶持和发展柴达木枸杞产业基础上，2009 年又投入 1500 万元资金，在格尔木市郭里木德镇、德令哈市柯鲁柯镇、都兰县宗加镇、乌兰县希里沟镇等乡镇实施枸杞产业化种植基地项目，着力打造枸杞产业种植基地。这一项目将通过政府无偿提供枸杞苗木和技术指导，种植户投资投工投劳等方式进行建设。该项目总投资 4500 万元，种植面积为 5 万亩，其中，格尔木种 1.3 万亩、德令哈种 1 万亩、都兰种 2.2 万亩、乌兰种 0.5 万亩。经初步估算，项目达到效益年后可年产枸杞干果 500 万公斤，年利润将达到 2225 万元，种植户人均增收 781 元"。③

柴达木枸杞的种植面积已达 15 万亩，亩产干果按 100 公斤计算，就有 1500 万公斤的产量。目前，枸杞销售问题已成为产业化的重中之重。青海省经济贸易委员会顺应这一问题，以市场为导向，以培育枸杞加工龙头企业为依托，制定了《关于促进枸杞加工产业发展的意见》，并经青海省人民政府办公厅转发了这一文件。

柴达木各种植区根据本地的实际情况制定了专门政策。以格尔木市为例，截止到 2009 年，格尔木市已种植枸杞 6 万亩。格尔木市围绕枸杞产业的发展，编制了《格尔木市枸杞种植规划》。一般来说，枸杞种植在第三年进入盛果期，格尔木市为保证枸杞种植户收入不减，出台了《格尔木市农户枸杞种植生活补贴办法（实行）》，明确对耕地种植枸杞户给予每亩 400~500 元的补助，连续补助 2 年。格尔木市还积极解决在枸杞生产中出现的问题，当枸杞种植户出现枸杞晾晒难的问题后，格尔木市从支农资金中拿出专款购买晒果栈，每 2 亩提供一个晒果栈。格尔木市为了搞好枸杞种植项目，还专门成立了格尔木市枸杞技术研究小组，负责柴达木当地的种植苗培育、技术攻关等课题研究，组织枸杞种植户到宁夏考察学习，并聘请宁夏的枸杞专家、市农科所等技术人员一起分赴各乡村，以村

---

① 青海省人民政府办公厅. 关于促进枸杞加工产业发展意见的通知. 青政办〔2009〕196 号
② 青海省海西州州委、州政府. 海西信息. 第 521 期，2009：6
③ 青海省海西州州委、州政府. 海西信息. 第 269 期，2009：4

为单位，紧跟农时和生产的需要，向枸杞种植户开展了种植技术跟踪服务和技术培训工作。2009～2013 年，格尔木市开展各类枸杞种植技术培训 80 多期，培训农民 1800 人次，下发各类宣传材料 3600 余份。

（一）农户现状

为了完成本书，切实了解柴达木枸杞的产业化现状，本书课题组将大格勒乡和诺木河农场作为重点访谈对象，这两地种植枸杞的农户文化程度低，对枸杞科学化的种植难以适应，种植的技术含量较低。从种植农户户籍来源来看，本地农户较少，省内其他地方农户较多。在调研中发现，省内户籍基本上属于移民。从农户家庭种植枸杞占有的土地面积来看，20～29 亩的占 44%，是当地农户；30～70 亩的占 44%，是省内移民；大于 100 亩的是省外承包者，其大部分是宁夏种植户。从家庭种植枸杞年限的统计来看，5 年的占 60%，6 年的占 28%，7 年的占 12%，反映出柴达木枸杞种植年限较短，尚未形成规模。枸杞亩产 100 公斤以下的农户，占 56%，一般是当地农民或移民，文化较低，且家庭人口少，果实成熟后难以及时采收，亩产较低。亩产 100 公斤以上的农户是由于农户种植时间较长，而且拥有一定的技术，能出得起采收果实所雇人员的费用。从栽种枸杞的原因来看，政府强行要求栽种的占 48%，另外 52% 的人认为，栽种枸杞能增加收入。从树苗来源来看，有 48% 的农户的树苗是政府免费提供的，这部分人一般属于移民或当地退耕还林还草的农户；另外 52% 靠自己购买树苗的农户基本是承包种植户。80% 的农户认为，种植枸杞划算，其原因是能增加收入，进一步引导性提问中，100% 的人认为，种植枸杞成本高、利润低、销售不畅。调研中发现，有的家庭三年前收获的枸杞还存放在家里，无法销售出去。柴达木枸杞种植户主要的销售渠道依赖小商小贩，说明市场还没有形成。44% 的人不想扩大种植面积，但种植枸杞可以增加收入，为什么不增加种植面积呢？原因在于种植的产品卖不出去。96% 的农户期盼政府的扶持，如果在柴达木枸杞种植方面，政府努力引导市场，制定政策，保障农户的利益，柴达木枸杞的产业化就能有所体现。

（二）种植现状

柴达木地区现已形成以格尔木、德令哈、都兰、乌兰四个区域为中心的种植基地，产业的格局已经形成。并且，80% 的枸杞达到了绿色食品标准，基本上实现了无公害生产，其中，近 3 万亩枸杞获得了有机认证。柴达木种植的枸杞品种以引进的宁夏枸杞王为主，主要包括"宁杞一号"、少量的"宁杞二号"和"大麻叶优系"。据调研，枸杞的栽培为每亩 260～300 株，株行距 15×20 厘米。"宁杞一号"每株价值 1.5～2 元。宁夏枸杞在柴达木生长良好，栽种当年能 100% 挂果，亩产干果在 10～20 公斤左右，在第二年就进入盛果期，亩产干果 75～100 公斤。枸杞盛果年限为 7～8 年，之后采摘的枸杞果逐年减少。宁夏枸杞在柴达木独特的自然条件下，色红粒大，果实卵圆形，籽少、肉厚，大小均匀，无碎果，无霉变，无杂质。柴达木特殊的地理、气候条件，使得其枸杞品质远远优于宁夏当地种植的宁夏枸杞王。

（三）田间管理现状

柴达木枸杞种植起步不久，从枸杞苗的栽种到枸杞果的晾晒，主要依靠人工来完成。种植时按株行距 15×20 厘米将枸杞苗条斜插于土中，入土 3/4，插条腋芽向上。插后浇定根水，第一次水一定要灌透、灌匀，经常保持土壤湿润。枸杞生根容易，一般插后 10 天左右就开始萌发不定根及新芽。这时的管理主要以除草为主，其间要除草 2～3 次。枸杞生长期长，需肥量大，也比较耐肥。在生长期需追施腐熟人畜粪水或尿素、硫酸铵等速效肥料 3 次，于株旁穴施，施后灌水、盖土。浇水宜勤浇、少浇，保持土壤湿润即可，后期以控水为主，以浇水后地表不存水为宜。在枸杞的种植管理过程中，为了能够提高单位产量，修剪是技术性较高的程序。一般在苗木长至 20 厘米高时，选留一健壮直立枝为主干，去除其余枝条。及时清除主干上从地面到 40 厘米以内的侧枝，促进主干上下均匀生长。主干生长到 55～60 厘米时及时进行摘心，促进 40～60 厘米之间侧枝的萌发，选留 4～5个不同方向的侧枝进行培养，对选留侧枝进行短截，促进其侧枝的二次萌发。以上修剪措施，既培养了第一层结果枝，又能提高单位产量。为了防治病虫害，需定期地喷洒农药。

在调研中农户普遍反应，种植枸杞比种植其他农作物投入劳力多，单位面积成本高，技术要求高。

（四）采摘现状

在枸杞的种植过程中，枸杞的采摘是最费人工的劳动。柴达木枸杞的采摘期从一年的 7 月开始到当年的 10 月 20 日左右结束。20 天为一循环周期，中间无休花期。果实成熟时（果色橙红、果实稍软），采摘是比较轻松的劳动，老少皆宜。一般人均每天能采摘 40 公斤左右。2009 年，柴达木地区有 6.61 万亩枸杞进入采果期。其中，都兰县 2.85 万亩、格尔木 2 万亩、德令哈 1.45 万亩、乌兰县 0.31 万亩。枸杞总产量达到 4915 吨，产值 14 745 万元，收入 8770 万元，平均每亩纯收入 1324元。柴达木由于地广人稀，缺乏采摘务工人员，2009 年，海西州各级政府积极"招用本地及省州内其他地区农牧民 735 人、省外务工人员 2242 人"。[①]从 2010 年开

---

① 青海省海西州州委、州政府. 海西信息. 第 686 期，2009：8

始，每年基本维持招用相近比例的人数，以进行枸杞的采摘。

（五）晾晒现状

采摘完成后，应及时进行晾晒。通过调研发现，柴达木枸杞的烘干主要以家庭为单位晾晒，基本上制成 0.5 公斤干果需要 1.5～2 公斤鲜果。天气晴朗时，一般 10 天左右即可晒干，如遇阴雨天，则用烘干法进行干燥。果实干燥后择除果柄，除去油粒、黑粒、破粒、霉头和不合规格的小粒，去杂后分级包装。

（六）销售现状

柴达木枸杞的销售主要以鲜果、干果为主。鲜果的价位在 8～10 元/公斤，干果的价位在 30～50 元/公斤。销售的渠道主要是小商小贩上门收购。地处柴达木地区的诺木洪农场，有许多的宁夏种植户在这里承包土地种植枸杞，由于信息互通，有很多宁夏的加工企业上门收购。在实地调研中发现，11 月时，诺木洪种植户的干果能 100%地出售。其他地方的销售状况则不容乐观。尤其是格尔木市大格勒乡菊花村，10 月调研时，大多数家庭是零销售记录。

（七）深加工现状

柴达木枸杞加工尚处于初级加工阶段，能够进行规模加工的有柴达木高科技药业公司、青海佳禾生物工程公司、海西州哇玉金泰公司、青海红鼎生物工程有限公司等七家单位。这七家加工企业，目前基本上从事规范化和规模化枸杞种植基地建设，并在此基础上，做枸杞果的前期加工，但精深加工少，产品科技含量不高，附加值低。现以青海柴达木高科技药业有限公司为例进行说明。青海柴达木高科技药业有限公司是一家以青海高原资源优势为基础，集生产、科研为一体的科、工、贸相结合的新型企业，公司从初创到目前，已逐步发展壮大，有固定资产二千余万元。公司凭借生产多种中藏药和保健食品的生产平台，进行枸杞的深加工，并率先在德令哈投资建设万亩枸杞园等中藏药种植基地，逐步形成了"公司＋基地＋农户"的产业发展模式。目前，该企业的种植基地里，种植枸杞 6000多亩，年产枸杞干果 20 万公斤。附近有 600 户农户、1 万余人从中受益，人均年收入提高 50%，增收 1200 元。为进一步延伸产业链条，提高枸杞精深加工水平和就地加工、增值能力，加快产业化发展步伐，更好地带动农牧民增收致富，青海省海西州州委、州政府积极扶持青海柴达木高科技药业有限公司，在 2009年"建设年产 8000 吨枸杞、白刺鲜果浓缩汁生产线。该项目投资 550 万元（其中，省、州农牧产业化扶持资金 200 万元；企业自筹 350 万元），采用国内最先进的加工设备，采取清洗—精选—破碎—打浆—分离—浓缩—乳化—灭菌—

无菌灌装流水线作业和低温中空浓缩、全自动灭菌、无菌包装等工艺技术，达到国内领先水平"。①开发的产品主要有枸杞叶养生茶系列产品（绿茶、袋泡茶、明目茶、叶蛋白固体饮料）、枸杞叶提取物（叶蛋白、叶黄素、叶黄酮）、枸杞子提取物（多糖、色素）、枸杞叶中药复方饲料。

目前，青海柴达木高科技药业有限公司的"年产 8000 吨枸杞、白刺鲜果浓缩汁生产线"项目的试产成功，填补了海西州乃至青海省省生物产品浓缩汁加工领域的空白，将有力推动以枸杞为主的特色生物产业发展壮大，也将进一步增强枸杞产业化龙头企业在区域经济发展中的辐射带动能力。

三、柴达木枸杞产业化存在的问题

柴达木枸杞质量上乘，与宁夏枸杞相比，具有色红、粒大、肉厚、皮薄等特点，总含糖量、维生素、微量元素、氨基酸的含量都超过宁夏枸杞。柴达木在枸杞产业发展中暴露出来的问题主要表现在以下几个方面。

（一）种植方面

通过调研发现，在现有的条件下，柴达木枸杞的种植方面主要存在以下几个问题。

（1）枸杞苗的成活率低。柴达木枸杞种植上基本采用这两种方式：一是政府出资购置枸杞苗，农民出工、出力种植；二是外来人工承包当地土地，自己出资购置枸杞苗种植。在第一种情况下，枸杞的成活率低，假苗多，成活率只有40%～50%；在第二种情况下，枸杞的成活率达到75%，假苗很少。

（2）品种杂乱，品质不纯。从名义上说，柴达木种植的枸杞品种大多是"宁杞一号"，实际上，品种纷杂，五花八门，在同一块地里呈现果实现状、大小、颜色都不一样的情况。品种的杂乱，给枸杞的产量、品质都带来不良影响，并给种植户带来一定经济损失。

（3）机械化程度低，劳动力缺乏。就锄草这一工序来说，每次每亩最少需要两个人工，并且每个人工要工作 12～13 小时。采摘如果按平均一亩地采摘鲜果 250 公斤、一个人工一天采摘 40 公斤计算，一亩地需要 6 个人工。柴达木枸杞与其他地方相比的主要区别是，枸杞没有休花期，每年从 7 月 20 日开始采摘，到当年的 10 月 15 日为止，需要大量的采摘工。柴达木地区因本身地广人稀、劳动力缺乏、外来的务工人员少等原因，无法及时采摘，导致大量的枸杞鲜果烂在地里。

（4）缺水严重。柴达木地区比较干旱，耐旱的枸杞在生长期需要定期浇水，

---

① 青海省海西州州委、州政府. 海西信息. 第 739 期，2009：8

水源就成为制约枸杞发展的主要问题。诺木洪农场在每年的浇水期都有抢水事件上演。

（5）技术力量薄弱，农民素质不高，严重影响了枸杞的产量。当地农民在目前情况下，技术力量严重不足，在种植过程中与诺木洪农场承包土地种植枸杞的许多宁夏人相比，在同等条件下，宁夏人种植的枸杞的产量是当地人的 2～3 倍。

（二）加工方面

（1）干果的加工没有统一的标准。柴达木枸杞在现有的加工方面主要以干果为主，并且由于烘干设备缺乏或设备陈旧，基本上是以家庭为单位晾干、晒干。所以，在晾晒过程中加食用碱的量不同，天气的阴晴也无法控制，晾晒的枸杞干果成品颜色、味道有较大的差别。

（2）缺乏储藏、加工原果和干果的技术手段。在种植面积不断扩大和产量大幅度提高的情况下，缺乏储藏、加工原果和干果的技术手段，现有的低水平加工能力尤显不足。

（3）深加工能力差。调查显示，现有的企业主要经营枸杞干果的销售，实无深加工能力，被动地成为整个产业链中最低级的环节，只能以低廉的价格出售资源产品。

（4）加工企业规模小，技术工艺落后。据调研，现有的加工企业规模都比较小，带动力不强，在枸杞初级加工上分级、保质、包装等环节滞后，制约了产品档次的提升。

（三）销售方面

柴达木枸杞在销售方面存在的主要问题有以下几个。

（1）没有统一的交易市场和固定的销售商。柴达木枸杞种植与销售主要以家庭为单元，与上门收购的小商贩交易，还没有统一的交易市场和固定的销售商。

（2）没有形成知名品牌。在柴达木枸杞的原产地诺木洪农场产的枸杞，曾获得过"优质产品"的称号，然而，今天的诺木洪农场直接成了宁夏的枸杞种植基地，从每年的 7 月中旬开始，将一车车的枸杞果运往宁夏，其他的种植区因刚刚起步，品牌就更无从谈起。

（3）枸杞专业合作组织发展缓慢，很难适应枸杞产业的发展。通过调研发现，柴达木枸杞专业合作组织的现状可以被概括为"名存实亡"。格尔木市大格勒乡作为"新农村"建设试点村，享受了多项优惠政策，在政府的倡导和支持下，建立了村一级的"枸杞协会"。协会设会长、副会长和秘书长等职务，但仅存在组织，却没有会员。以家庭为单位进入市场，农户成为市场竞争中最直接的利益受损者，严重影响农民的积极性。

第二节　模型的测量

本节主要验证测量模型中有关测项的有效性和可靠程度。根据无约束因子验证方法的要求，对测量项目的有效性和可靠程度的检验必须判断样本数据与无约束因子模型间的匹配关系，这种检验只关注潜在变量（模型因子）的个数与结构模型中的方程数量是否均等，而对潜在变量及其所属测量变量间的关系不作任何约束和限定。在因子分析模型中，探索性因子验证与无约束因子验证基本相同（何晓群，2004），因此，本书采用 SPSS 17.0 将调研的数据进行探索性因子分析，以此来建立无约束结构模型，再采用 AMOS 14.0 进行模型的验证性因子检验，在此基础上进行模型的拟合优度的检验，对架构的理论模型进行分析，对假设进行验证。

结构方程模型可被分为测量模型和结构模型两部分，首先通过测量模型来研究微观、中观和宏观的影响因素，将每个影响因素作为因子，研究其测度题项间的关联程度，将整个数据按不同的因子对象分类，然后建立各子数据集的测量模型。

一、微观影响因素

微观影响因素包括农户年龄结构、农户性别比例、家庭规模、户主的文化程度、家庭收入、农户的专业化程度、农户生产的意愿、农户对产业合同的遵守程度。对于各因素的 35 个测度题项值（其中，a1~a5、b1~b2、c1~c5、d1~d5、e1~e5 的 22 个测度题项采用逻辑值 1 和 0 进行测度），采用 SPSS 17.0 分析软件，首先对测度项目的均值、方差和可靠性进行分析（表 5.6）。分析表明，微观影响因素各测度项目的均值、方差符合实证要求，Cronbach's α 值都大于 0.7；其次，通过主成分分析法，进行探索性因子分析，产生了五个因子，由此得到了微观影响因素的无约束测量模型；最后，通过 SPSS 17.0 对数据的 KMO 值进行分析，分析表明，微观影响因素的 KMO 值为 0.789，大于 0.5，根据何晓群（2004）的研究观点，当 KMO 值大于 0.5 时，变量间有较强的关联性，适合进行因子分析。所以，本书的数据满足因子分析的要求。

表 5.6　微观影响因素度量项目的均值、方差和可靠性系数

变量名	均值	方差	Cronbach's α
NJ	—	—	0.8621
a1	1.00	0.823	—
a2	1.00	0.846	—

续表

变量名	均值	方差	Cronbach's α
a3	1.00	0.786	—
a4	1.00	0.771	—
a5	1.00	0.708	—
XB	—	—	0.7752
b1	1.00	0.653	—
b2	1.00	0.729	—
JG	—	—	0.8023
c1	1.00	0.769	—
c2	1.00	0.774	—
c3	1.00	0.670	—
c4	1.00	0.703	—
c5	1.00	0.712	—
WC	—	—	0.6749
d1	1.00	0.621	—
d2	1.00	0.804	—
d3	1.00	0.774	—
d4	1.00	0.800	—
d5	1.00	0.780	—
JS	—	—	0.8242
e1	1.00	0.693	—
e2	1.00	0.659	—
e3	1.00	0.819	—
e4	1.00	0.763	—
e5	1.00	0.802	—
ZC	—	—	0.7642
f1	4.10	0.721	—
f2	3.97	0.836	—
f3	4.66	0.656	—
f4	3.98	0.772	—
f5	4.04	0.704	—
YY	—	—	0.7562
g1	3.77	0.641	—
g2	4.50	0.743	—
g3	4.11	0.679	—
g4	3.98	0.733	—
g5	3.75	0.870	—

续表

变量名	均值	方差	Cronbach's α
HT	—	—	0.7750
h1	4.64	0.763	—
h2	3.99	0.833	—
h3	4.52	0.769	—

　　通过主成分分析法和斜交旋转①抽取公因子，斜交旋转 4 次，得到三个阶段的 5 个公因子（表 5.7），分析表明，微观影响因素的 35 个测度项目的因子载荷均大于 0.5。通过上面的分析，形成了 5 个公因子、35 个测度变量组成的无约束测量模型。采用 AMOS 14.0 对测量模型进行拟和分析，拟合分析结果表明（表 5.8），微观影响因素测量模型的各项拟合指数均符合要求，拟合效果较好。

表 5.7　微观影响因素因子检验的斜交旋转矩阵

组型矩阵	成分				
	1	2	3	4	5
c2	0.879	−3.46E-02	9.68E-03	−2.36E-02	−3.47E-03
d2	0.963	−2.57E-04	5.13E-02	4.98E-02	−8.98E-02
a3	0.914	−1.67E-04	4.13E-03	−3.02E-04	0.117
b1	6.35E-02	0.972	0.204	−7.12E-02	7.82E-02
e2	−2.99E-04	0.938	−3.99E-02	−5.82E-03	−3.47E-03
c1	−3.47E-03	0.903	−5.12E-04	−4.97E-02	−5.32E-04
e1	6.90E-02	4.82E-02	0.915	8.94E-04	−7.37E-02
a1	−5.99E-03	−7.67E-03	0.893	−7.63E-02	−8.99E-03
b2	−4.82E-02	−6.82E-02	0.905	−6.37E-03	0.194
d1	−3.59E-02	−5.32E-03	9.12E-03	0.701	0.252
a2	−9.16E-03	−5.16E-03	−6.41E-03	0.653	0.238
e3	−3.18E-02	0.208	−7.49E-02	0.261	6.63E-02
a4	−3.09E-04	0.470	−3.98E-03	−4.81E-03	−3.22E-02
e4	−4.47E-03	0.551	−3.12E-04	−4.45E-02	−5.36E-03
f1	2.90E-02	4.34E-02	0.565	3.94E-04	−5.35E-02
c3	−4.99E-02	−5.62E-03	0.857	−7.63E-02	−8.99E-03
f2	−4.52E-03	−7.82E-02	0.885	−8.37E-03	0.204
f3	−3.59E-02	−5.32E-03	9.12E-03	0.551	0.122

---

　　① 因子旋转可被分为正交旋转和斜交旋转，正交旋转必须考虑因子间的独立性，而斜交旋转对因子间是否相互独立未作限定，因而显得更为简洁，更易解释。所以本书采用斜交旋转

续表

组型矩阵	成分				
	1	2	3	4	5
e5	−4.14E-03	−4.16E-02	−6.49E-03	0.253	0.227
d3	−3.65E-02	4.33E-02	−7.56E-02	0.261	0.619
d4	−2.29E-04	0.221	−4.92E-03	−4.44E-03	−3.76E-02
f4	−4.45E-03	0.402	−3.12E-04	−4.45E-02	−5.36E-03
d5	2.90E-02	0.669	0.125	3.90E-03	−5.27E-02
f5	−2.93E-02	−3.64E-03	0.467	−5.63E-03	−5.59E-03
c4	−2.53E-03	−3.32E-02	0.484	−5.31E-02	0.401
c5	−3.12E-03	−5.42E-02	5.19E-03	0.491	0.312
g5	−5.34E-03	−3.16E-03	−6.15E-03	0.109	0.257
h1	−4.64E-02	4.09E-02	−3.56E-02	0.162	0.517
g1	−3.23E-04	0.421	−5.03E-03	−4.12E-03	−3.96E-02
g2	−1.42E-03	0.103	−3.66E-04	−2.42E-02	−3.36E-02
g3	2.33E-02	0.239	3.44E-03	0.215	−5.61E-02
h2	−1.98E-02	−2.66E-03	0.194	−3.60E-03	−5.15E-03
g4	−3.54E-03	−3.38E-02	0.214	−5.56E-02	0.211
h3	−4.13E-03	−5.24E-02	0.291	5.89E-03	0.296

表 5.8　微观影响因素测量模型拟合指数

	绝对拟合指标				相对拟合指标		
df	χ^2	GFI	AGFI	RMSEA	CFI	NFI	IFI
65	256.2	0.953	0.958	0.000	1.000	0.956	1.031

二、中观影响因素

中观影响因素包括：农户种植成本、农户家庭种植土地面积、龙头企业的发展程度、企业对农户的技术服务的程度、企业与农户的信息交流程度。测度指标有 26 项（其中，j1~j9 采用逻辑值 1 和 0 进行测度），采用 SPSS 17.0 进行均值、方差和可靠性分析（表 5.9）。结果表明，各测度项目的均值、方差符合要求，Cronbach's α 分别为 0.7921、0.7902、0.7849、0.8671、0.7624，均大于 0.7。通过 SPSS 17.0 对数据的 KMO 值进行分析，表明测度项的 KMO 值为 0.707，大于 0.5。所以，数据满足因子分析的要求。通过主成分分析法和斜交旋转抽取公因子，斜交旋转 4 次，得到 4 个公因子（表 5.10），26 个测度项目的因子载荷均大于 0.5。

这样，就形成了 4 个公因子、26 个测度变量组成的无约束测量模型。采用 AMOS 14.0 对测量模型进行拟和分析，拟合分析结果表明（表 5.11），模型的各项拟合指数均符合要求，拟合效果较好。

表 5.9　中观影响因素度量项目的均值、方差和可靠性系数

变量名	均值	方差	Cronbach's α
CB	—	—	0.7921
i1	4.01	0.773	—
i2	3.09	0.807	—
i3	4.57	0.698	—
i4	3.45	0.781	—
MJ	—	—	0.7902
j1	1.00	0.643	—
j2	1.00	0.891	—
j3	1.00	0.767	—
j4	1.00	0.802	—
j5	1.00	0.645	—
j6	1.00	0.723	—
j7	1.00	0.657	—
j8	1.00	0.680	—
j9	1.00	0.739	—
QF	—	—	0.7849
k1	3.44	0.425	—
k2	4.05	0.694	—
k3	4.32	0.754	—
k4	4.06	0.931	—
k5	4.44	0.768	—
k6	3.89	0.678	—
k7	3.66	0.780	—
JF	—	—	0.8671
l1	3.04	0.677	—
l2	4.66	0.789	—
l3	4.40	0.619	—
XJ	—	—	0.7624
m1	3.99	0.753	—
m2	4.89	0.682	—
m3	4.55	0.799	—

表 5.10　中观影响因素因子检验的斜交旋转矩阵

组型矩阵	成分			
	1	2	3	4
j2	0.879	−3.46E-02	9.68E-03	−2.36E-02
j3	0.963	−2.57E-04	5.13E-02	4.98E-02
j4	0.914	−1.67E-04	4.13E-03	0.103
k1	4.99E-02	0.864	−2.99E-04	−3.47E-03
k2	−3.47E-03	0.903	−5.12E-04	−4.97E-02
j8	6.90E-02	0.915	8.94E-04	−7.37E-02
m2	−5.99E-03	−7.67E-03	0.893	−7.63E-03
j1	−6.37E-03	−4.82E-02	0.905	0.124
j7	−3.59E-02	−5.32E-03	0.701	0.252
j6	−9.16E-03	−5.16E-03	−6.41E-03	0.698
j5	5.77E-02	−4.92E-02	7.31E-03	0.822
m1	0.215	−2.16E-02	9.08E-03	−2.44E-02
m3	0.125	−2.54E-04	4.23E-02	4.01E-02
l1	0.521	−3.60E-04	3.11E-03	0.193
j9	4.46E-02	0.870	−2.33E-04	3.21E-03
i1	−1.43E-03	0.433	5.40E-04	−4.36E-02
i3	2.92E-02	0.315	8.54E-04	3.37E-03
i2	−3.99E-03	−7.77E-03	0.131	−7.39E-03
k3	−2.37E-03	−4.32E-02	0.435	0.021
k4	−2.59E-03	−5.38E-02	0.101	0.249
k7	−2.15E-03	−5.34E-03	−2.41E-02	0.348
l2	5.67E-02	−4.37E-02	7.37E-02	0.132
i4	0.135	−2.18E-02	3.08E-03	−2.35E-02
k5	0.405	−2.56E-04	4.66E-02	4.21E-02
k6	0.511	−3.65E-04	3.77E-03	0.233
l3	3.22E-03	0.440	−2.56E-04	0.221

表 5.11　中观影响因素测量模型拟合指数

	绝对拟合指标				相对拟合指标		
df	χ^2	GFI	AGFI	RMSEA	CFI	NFI	IFI
23	136.7	1	为空	为空	1.000	1.000	1.000

三、宏观影响因素

宏观因素包括：地方政府对劳动力的农业技能培训和服务频数、政府在农户规模化经营中的政策引导、政府为形成产业的商业机会做出的努力程度、政府在该产业做出的企业布局合理程度、枸杞加工的现代化程度、市场机制的建立和完善程度、产业技术创新的程度。测度项目有 27 项，采用 SPSS 17.0 进行均值、方差和可靠性分析（表 5.12）。结果表明，各测度项目的均值、方差符合要求，Cronbach's α 分别为 0.7021、0.7712、0.7992、0.7549、0.7679、0.7334、0.7512，均大于 0.7。通过 SPSS 17.0 对数据的 KMO 值进行分析，表明测度项的 KMO 值为 0.707，大于 0.5。所以，数据满足因子分析的要求。通过主成分分析法和斜交旋转抽取公因子，斜交旋转 4 次，得到 4 个公因子（表 5.13），27 个测度项目的因子载荷均大于 0.5。这样，就形成了 4 个公因子、26 个测度变量组成的无约束测量模型。采用 AMOS 14.0 对测量模型进行拟和分析，拟合分析结果表明（表 5.14），模型的各项拟合指数均符合要求，拟合效果较好。

表 5.12　宏观影响因素度量项目的均值、方差和可靠性系数

变量名	均值	方差	Cronbach's α
PF	—	—	0.7021
n1	3.01	0.573	—
n2	3.46	0.667	—
n3	3.57	0.621	—
n4	3.22	0.734	—
n5	4.22	0.789	—
ZY	—	—	0.7712
o1	4.12	0.653	—
o2	4.50	0.824	—
o3	4.05	0.817	—
NL	—	—	0.7992
p1	4.23	0.633	—
p2	3.97	0.881	—
p3	3.68	0.677	—
p4	4.55	0.682	—
BJ	—	—	0.7549
q1	3.24	0.424	—
q2	3.95	0.794	—
q3	4.66	0.784	—
q4	3.02	0.912	—
q5	3.54	0.748	—

续表

变量名	均值	方差	Cronbach's α
XD	—	—	0.7679
r1	3.44	0.617	—
r2	3.56	0.889	—
r3	4.40	0.549	—
SW	—	—	0.7334
S1	3.78	0.793	—
S2	4.86	0.765	—
S3	4.51	0.747	—
S4	4.55	0.788	—
NX	—	—	0.7512
t1	4.92	0.796	—
t2	4.77	0.717	—
t3	3.43	0.710	—

表 5.13 中观影响因素因子检验的斜交旋转矩阵

组型矩阵	成分			
	1	2	3	4
n2	0.229	−3.42E-02	9.62E-03	−2.16E-02
n3	0.245	−2.27E-04	5.63E-02	4.22E-02
p4	0.287	−2.67E-04	4.43E-03	0.113
n1	4.19E-02	0.224	−2.91E-04	−3.41E-03
t2	−3.27E-03	0.263	−5.15E-04	−4.27E-02
r2	6.10E-02	0.335	8.94E-04	−7.32E-02
o2	−5.23E-03	−7.62E-03	0.333	−7.64E-03
o1	−2.33E-03	−4.33E-02	0.241	0.124
r3	−3.54E-02	−2.32E-03	0.361	0.132
t1	−9.36E-03	−5.32E-03	−6.33E-03	0.198
q5	2.77E-02	−4.12E-02	7.41E-03	0.252
s1	0.445	−2.12E-02	9.28E-03	−2.43E-02
o3	0.155	−2.66E-04	4.26E-02	4.05E-02
p1	0.541	−3.10E-03	3.12E-03	0.123
s2	4.36E-02	0.170	−2.33E-03	3.23E-02
q1	−1.42E-03	0.441	5.30E-03	−4.36E-03
r3	1.92E-02	0.115	3.54E-04	3.17E-03
p2	−3.29E-03	−1.77E-03	0.231	−7.49E-03

组型矩阵	成分			
	1	2	3	4
p3	−2.34E-03	−4.22E-02	0.135	0.025
n4	−4.59E-03	−5.18E-02	0.151	0.149
s3	−2.35E-03	−5.56E-03	−2.44E-02	0.228
q2	5.37E-02	−4.47E-02	3.37E-02	0.432
q4	0.145	−2.78E-02	2.08E-03	2.55E-02
n5	0.335	−2.66E-04	1.66E-02	4.51E-03
s4	0.321	−3.35E-04	4.77E-03	0.213
q3	2.22E-02	0.431	3.56E-04	0.289
t3	−2.39E-03	−5.33E-02	0.201	0.159

表 5.14　宏观影响因素测量模型拟合指数

绝对拟合指标				相对拟合指标		
df	χ^2	GFI	AGFI	RMSEA	CFI	NFI	IFI
32	99.3	0.983	0.987	0.000	1.000	0.992	1.003

四、结构模型的适配度评价

在结构方程模型中，结构模型反映潜变量之间的关系（也被称为路径关系），其模型的计算结果由潜变量间的标准化路径参数、显著性水平、模型的适配度进行判断。本书采用 AMOS 14.0 对结构模型进行统计分析。在微观影响因素拟合分析中，显示的卡方值为 256.2，自由度为 65，适配度指数为 0.953，调整后适配度指数为 0.958，渐进残差均方和平方根为 0.000，比较适配指数为 1.000，规准适配指数为 0.956，增值适配指数为 1.031。上述拟合指数说明，微观影响因素结构模型的拟合程度良好。中观拟合分析显示，卡方值为 136.7，自由度为 23，适配度指数为 1，调整后适配度指数为空，渐进残差均方和平方根为空，比较适配指数为 1.000，规准适配指数为 1.000，增值适配指数为 1.000。上述拟合指数说明，中观影响因素结构模型的拟合程度非常好。宏观影响因素拟合分析表明，卡方值为 99.3，自由度为 32，适配度指数为 0.983，调整后适配度指数为 0.987，渐进残差均方和平方根为 0.000，比较适配指数为 1.000，规准适配指数为 0.992，增值适配指数为 1.003。上述拟合指数说明，宏观影响因素结构模型的拟合程度也非常好。表 5.15 反映了结构模型中潜变量间的路径、标准化路径参数和 P 值。在结构方程模型中，标准化路径参数反映两个潜在变量间的相关性，其值越大，变量间的作用越强，所以它是假设检验的基本手段。对于潜变量间关系是否显著，要分析对应的 P 值的大小，当对应的 P 值小于 0.10 时，表明模型中变量间关系的显著性水平为 90%，表 5.15 中各潜变量路径所对应的 P 值均小于 0.1，说明潜变量间存在显著的相关性。

表 5.15　结构模型中各潜变量间的路径参数及 P 值

潜变量间的路径	潜变量间标准化路径参数	P 值
NJ → WG	0.32	0.021
XB → WG	0.25	0.000
JG → WG	0.18	0.002
WC → WG	0.28	0.001
JS → WG	0.37	0.000
ZC → WG	0.42	0.003
YY → WG	0.62	0.000
HT → WG	0.47	0.030
CB → ZG	0.71	0.004
MJ → ZG	0.58	0.000
QF → ZG	0.39	0.000
JF → ZG	0.44	0.006
XJ → ZG	0.49	0.000
PF → HG	0.33	0.003
ZY → HG	0.27	0.031
NL → HG	0.26	0.017
BJ → HG	0.39	0.007
XD → HG	0.31	0.000
SW → HG	0.33	0.003
NX → HG	0.21	0.006
WG → CH	0.56	0.030
ZG → CH	0.64	0.000
HG → CH	0.68	0.008

注：WG 表示微观；ZG 表示中观；HG 表示宏观；CH 表示产业化

第三节　假设检验结果及讨论

通过前面的数据分析，我们得出了假设检验的结果，理论模型所提出的研究假设得到了很好的验证，表明柴达木枸杞产业化在微观、中观和宏观三个层面间存在着理论关系。因此，得出的结论能够解释产业化中的一些现象。

一、假设检验结果

表 5.16 显示了所提出假设的检验情况，给出了微观、中观、宏观各影响因素间及微观、中观、宏观环境与柴达木枸杞产业化各假设的路径参数和显著性水平，以及理论假设支持或拒绝的结论。

表 5.16　结构模型中各潜变量间的路径参数及 P 值

假设	潜变量间的路径	潜变量间标准化路径参数	P 值	结论
H1.1	NJ → WG	0.32	0.021	支持
H1.2	XB → WG	0.25	0.000	支持
H1.3	JG → WG	0.18	0.002	支持
H1.4	WC → WG	0.28	0.001	支持
H1.5	JS → WG	0.37	0.000	支持
H1.6	ZC → WG	0.42	0.003	支持
H1.7	YY → WG	0.62	0.000	支持
H1.8	HT → WG	0.47	0.030	支持
H2.1	CB → ZG	0.71	0.004	支持
H2.2	MJ → ZG	0.58	0.000	支持
H2.3	QF → ZG	0.39	0.000	支持
H2.4	JF → ZG	0.44	0.006	支持
H2.5	XJ → ZG	0.49	0.000	支持
H3.1	PF → HG	0.33	0.003	支持
H3.2	ZY → HG	0.27	0.031	支持
H3.3	NL → HG	0.26	0.017	支持
H3.4	BJ → HG	0.39	0.007	支持
H3.5	XD → HG	0.31	0.000	支持
H3.6	SW → HG	0.33	0.003	支持
H3.7	NX → HG	0.21	0.006	支持
H1	WG → CH	0.56	0.030	支持
H2	ZG → CH	0.64	0.000	支持
H3	HG → CH	0.68	0.008	支持

注：$P<0.10$ 说明变量间的关系在 90%的置信度上显著

二、结果讨论

（1）从微观影响因素 H1.1～H1.8 的验证情况来看，所有假设都通过验证，其结果与预期的理论假设一致。八个验证假设中，H1.2、H1.5、H1.7 非常显著，这说明"农户性别比例""家庭收入""农户生产的意愿"对农户的微观环境影响很大。就农户的自身出发，枸杞生产本身需要一定的体力和脑力劳动。从繁重的体力劳动来看，户主基本是男性，而且在现实面前，产生决策的带有男性特质的比例较高，这本身符合中国的家庭现实。在枸杞产业的形成过程中，出于单个家庭（农户），一般情况下都偏好于"家庭收入"，如果"家庭收入"较高，农户从事枸杞种植的积极性就高。另外，较高的"家庭收入"也进一步激励农户的意愿，这两者间也存在显著的相关关系，这点对于研究柴达木枸杞产业化非常重要。除此之外，"家庭规模"和"户主的文化程度"的相关关系也十分显著。柴达木枸杞产业化程度受到微观因素影响，家庭人口数量较多，种植面积多；户主的文化程度显示了接受种植技术的接受程度，这对于分析柴达木枸杞产业化具有现实意义。

（2）从中观影响因素 H2.1～H2.5 的检验结果来看，假设全部通过验证。五个假设中，H2.2 和 H2.5 非常显著。"农户家庭种植土地面积"和"企业与农户的信息交流程度"对农户自身的影响非常大，现在，在农业产业化中有一个普遍接受的观点是，产业化过程中龙头企业的带动效应直接体现在"公司+农户"的模式中，使农户受益的基本方法是公司对农户的信息转让或频繁的信息交流程度。往往在产业化的发展阶段，农户增加种植面积的积极性来自农户和公司间的信息交流。从这个意义来说，柴达木枸杞产业化的重要步骤应该体现在龙头企业和农户的信息交流方面。

（3）从宏观影响因素 H3.1～H3.7 的检验结果来看，理论假设全部通过验证。七个假设中，H3.1、H3.5、H3.6 非常显著，"地方政府对劳动力的农业技能培训和服务频数"是在宏观层面产业化的要求，"农产品加工的现代化程度"和"市场机制的建立和完善程度"在一定意义上实现了产业的规模化经营水平。

第六章　国内外农业产业化的基本做法及启示

第一节　新疆棉花产业化的基本做法及启示

20 世纪 90 年代以来，在国家各部委的大力扶持下，尤其是在国家"九五""十五""十一五"优质棉基地建设项目的大力支持下，新疆实施"一白一黑"的经济发展战略，重点发展棉花经济，取得了显著的成效。棉花生产规模跃居全国第一，单位产量水平名列世界前茅。根据有关报道，新疆 2009 年棉花总产量达到了 270 万吨，在种植面积、总产量、平均亩产等 7 项指标上已连续 15 年位居全国首位，而这一"白色经济"也凭借不断增强的硬实力，改写着中国棉花生产版图。"世界棉花形势看中国，中国棉花看新疆"，从全国棉花生产领域的"小兄弟"迅速成长为"龙头老大"，新疆拥有的庞大棉花产量也使中国迅速成为世界最大的产棉国。

一、规模化生产是新疆棉花产业的基础

新疆独特的地理环境使其成为世界宜棉区之一，也使其成为我国长绒棉的唯一产区。新疆棉区病虫害少、棉花品级和经济产量数高、单位产量高、效益好、纤维长、色泽好、品质高、种植优势突出。新疆棉花的规模化、专业化、集约化生产，既是新疆棉花基地稳产高产的基本保证，也是新疆棉花基地建设的显著特点之一。"在新疆 86 个县市中有 63 个常年种植棉花，其中植棉面积在 10 万亩以上的县市有 33 个。植棉大县棉川占耕地面积的比例很大，以 2008 年为例，如麦盖提县为 64%、巴楚县为 58.7%、阿瓦提县为 60%、呼图壁县为 45%、乌苏市为 60%、精和县为 57%，棉川植棉面积已占耕地面积 45%以上的植棉大县已超过 65%。"（孙泽昭，2006）棉川面积扩大，单产提高，增加了棉农的收入。可以说，规模化种植已经成为新疆棉区区别于中国其他棉区的重要特点之一。

二、科技创新是新疆棉花产业的催化剂

新疆棉花的高速发展主要靠创新。新疆有从事专业棉花研究的科研院所和实力较强的种业公司十余家，为新疆棉花生产提供了强有力的技术支持。地膜植棉、高密度栽培、精量点播、节水滴灌、测土平衡施肥、全程机械化等先进技术和装备应用使新疆棉花产业竞争力大大加强。单位产量由 2000 年的 1481.6 公斤/公顷

提高到 2013 年的 6000 公斤/公顷,为全国棉花单位产量 5250 公斤/公顷的 1.14 倍。创造和推广了"矮、密、早"栽培技术及"宽膜植棉"技术这两次技术的重大创新,使棉花生长发育恰到好处地利用了新疆特殊的生态条件,使棉花产量形成的关键时期与新疆光照、热量充沛的时期相吻合,促成了棉花单位产量的攀升。总结新疆发展棉花获高产的经验,可概括为:"一条技术路线;三种栽培模式;十项配套技术。"一条技术路线即以增株、增铃为主的技术路线;三种栽培模式,是根据土壤、光热条件分别采用双株层、双株单层、单双株相间的栽培模式,核心仍然是增株,增株数达 50%~100%;十项关键技术包括选种、密植、蹲苗、控高、塑型、施肥、灌溉、摘心和整枝、病虫害防治、中耕除草。既有传统技术,又根据高产需要进行改造、综合、有机集成,形成配套的高产技术。

三、比较优势是新疆棉花的产业发展的原动力

在新疆地区种植棉花与在其他地区种植相比,比较优势突出,这也是新疆坚持"白色"发展战略不动摇的原因。新疆棉花产业的优势主要表现在以下几个方面。①新疆独特的地理位置,使新疆种植扩大的上升空间大,另外,新疆光照资源充足,是人工灌溉的绿洲农业,"矮、密、早+高密度"的地膜植棉技术等,都是新疆发展棉花产业得天独厚的优势。②新疆棉花与国内外其他地区棉花在品质、单产、成本、价格、效益等方面的比较,优势十分明显。经农业部棉花品质监督检测中心对进口棉和新疆原棉抽样调查分析说明,新疆棉花品质在国际上处于中等偏上水平,它最突出的优点是色洁白、短绒率低、整齐度高。③新疆棉花与其他当地农作物相比,开拓国内外市场的空间大,抗市场风险的能力更强,收益的稳定性更好,附产品利用率更高。④新疆棉花在国内、国外市场上,所占的份额十分突出。目前,新疆已成为中国最大的高品质棉花产地和世界最大的优质细绒棉种植区域和长绒棉生产地区之一。新疆棉花占全国棉花总产的 1/3 以上,外销日本、美国、加拿大、泰国、澳大利亚、中国香港、瑞士、波兰、德国、罗马尼亚等二十几个国家和地区。

四、启示

从新疆棉花产业化中得到的启示是:农业产业化一定要根据资源禀赋及比较优势,结合技术创新实行规模生产,而竞争优势靠的是技术,即科技的创新。

第二节　内蒙古奶业产业化的基本做法及启示

牛奶业是内蒙古食品工业中的优势行业,也是最具民族特色的产业之一。内

蒙古辽阔草原素有"肉库乳仓"的美誉,当地的各民族自古就有制作和饮食奶酪、酸牛奶、奶油、奶皮、奶茶和奶酒等奶制品的传统习俗,并且很早就分化出了奶牛养殖业。乳产业是内蒙古的传统产业,无论是奶牛养殖,还是乳制品加工,在国内均具有明显的比较优势。近几年来,内蒙古不断扩建奶源基地,大力发展奶牛产业,引进先进设备,提高产品档次,使乳制品加工业成为内蒙古地区农牧业产业化的主导产业之一。内蒙古牛奶产业化的发展离不开龙头企业的带动和牛奶的规模化生产,奶业在内蒙古既是传统产业,又是优势产业,经过近十年的发展,奶业已成为内蒙古兴区富民的支柱产业。"2005 年,内蒙古奶业产值首次突破百亿元大关,达到 114.7 亿元,创历史最好成绩。目前,内蒙古奶业产值在自治区畜牧业产值中的比重已占到 25.8%,是所有畜产品中增长速度最快的,增速达 32.82%。"(白振英,2007)

一、大型龙头企业带动了内蒙古奶业的产业化

现在市场竞争直接表现为龙头企业的竞争,没有龙头企业就谈不上竞争力。内蒙古地区伊利实业集团股份有限公司、蒙牛乳业(集团)股份有限公司这两个乳业龙头的先后崛起和持续成长,带动呼和浩特市的奶业走上了农业产业化之路。据 2007 年《内蒙古自治区牛奶优势产业带监测评价报告》可知,"奶牛养殖业兴起于二十世纪九十年代,当时的海拉尔乳品厂、呼和浩特市乳品厂、呼和浩特市回民区奶食品厂(伊利集团前身)等区内国营和集体企业的改组、改造,使得乳品加工企业得到迅速发展,对奶源的需求加大,刺激了奶牛养殖业的快速发展,特别是 1993 年内蒙古伊利集团股份制改造完成后,日处理鲜奶量大幅度提高,直接引发了自治区奶牛养殖业的大发展,奶牛存栏头数从 1990 年的 394 349 头增加到 2000 年的 718 579 头,10 年间增加了 0.82 倍。1999 年内蒙古蒙牛乳业集团的组建,为快速发展的自治区乳业注入了新的强大动力,进一步刺激奶牛养殖业的高速发展,截止到 2005 年底自治区奶牛存栏头数从 2000 年的 71 万头猛增到 2005 年的 268.57 万头,鲜奶产量达到 691.08 万吨,奶牛头数和鲜奶产量分别比 2000 年增加了 3.78 倍和 8.66 倍,已经连续两年位居全国第一位,内蒙古自治区首府呼和浩特也因此于 2005 年荣获中国乳都的称号。"(白振英,2007)现在,内蒙古的奶牛养殖户已达 30 多万户,他们的人均年收入已超过 5000 元,促进了奶业的全面、快速发展,为农民致富、发展农村经济、调整产业结构写下了浓墨重彩的一笔。

二、政府的宏观调控,使内蒙古奶业产业的地域优势更加突出

内蒙古奶业产业化取得今天的成就,离不开政府的宏观调控。内蒙古各地政府为推动奶牛养殖产业化进程,扩大奶牛养殖规模,先后制定了各种优惠政策和

法律、法规，并且加大了资金扶持力度。呼和浩特市为了加速奶业产业化，从饲养用地、奶站建设、冻精管理，到防疫体系建设、奶牛风险基金管理办法等方面，出台了《呼和浩特市牛的人工授精管理办法》《呼和浩特市政府关于加快实施奶业兴市战略的决定》等10部相关奶业的地方性法规、规章和政策，为呼和浩特市实施"奶业兴市"发展战略、打造"中国乳都"起到了非常好的作用。"内蒙古自治区利用各项项目工程，完成畜禽舍建筑面积3777平方米，配套设施建筑面积1642平方米，仪器设备购置10万台（套），引进优良品种数量150万头（只）。新增畜禽疫病监测检验数量141.3434万份，减少家畜因病死亡数量1.7778万头（只），减少重大动物疫情发生次数121次。"（白振英，2007）新增牧草繁种能力27 120吨，牧草种子年平均产量5424吨。同时，政府还全面提高了社会服务化水平，扶持了一批专业性的骨干农业科研机构，针对胚胎移植、性控胚胎生产等关键技术进行科研攻关，解决了奶牛养殖业发展的技术"瓶颈"问题。加强奶农的技术培训，为了提高信息化水平，在奶牛优势产区优先建立网络信息服务平台。加快推广人工授精、胚胎移植和配方饲料等先进实用技术。加强对乡村疫病防治、奶牛种牛质量、冻精、胚胎市场的法律监管，维护奶业健康发展。在政府的宏观调控下，形成了以呼和浩特市为中心，贯穿东西2000多公里，集奶牛养殖、乳品加工、运输、销售一体化的奶牛产业带。

三、养殖模式的创新，引领内蒙古奶业向规模化发展

奶牛的养殖分散在千家万户，养殖风险较大，为了尽快实现规模化养殖，内蒙古创新了奶牛的饲养模式。一是龙头企业带动奶牛养殖户的饲养模式。以伊利实业集团股份有限公司为例说明。伊利实业集团股份有限公司从2000年开始，逐步实施了"分散饲养、集中挤奶、优质优价、全面服务""集中饲养、集中挤奶、科学管理、统一防疫""人畜分离、科学饲养、统一管理、统一挤奶、统一防疫"战略。2006年，伊利实业集团股份有限公司又提出了奶牛合作社发展模式，由合作社为社员提供技术咨询、资金协调、科普宣传、疫病防治等服务，引导养殖户科学管理和规范喂养，同时负责统一收奶、统一验质、统一交售，为实现农户与企业在博弈中实现双赢（win-win）找到了新途径。无论是伊利实业集团股份有限公司、蒙牛乳业（集团）股份有限公司，还是其他龙头企业，都在不断创新奶牛饲养模式的过程中，为促进自治区奶牛养殖业的集约化、规范化、科学化和现代化进程起到了积极的引导、示范、推动和辐射作用。二是将分散在农户家中饲养的奶牛集中到小区饲养，对奶牛的管理和牛奶的检测实现规范化。三是帮助有实力的养殖大户建立家庭牧场，扩大养殖规模。四是本着"自愿、互助、公平"的原则，将奶农组织起来，走合作化的道路。通过奶牛养殖模式的创新，据2007

年的检测报告，仅呼和浩特市、包头和乌兰察布市的 10 个旗县，2005 年产鲜奶达到 316.48 万吨。

四、启示

内蒙古奶业产业化经验证明，没有龙头企业的带动，再丰富的资源也等于零。内蒙古以"大龙头带动大基地，大基地服务于大龙头"的思路，大力推进奶业产业化经营，使内蒙古的奶业竞争力得到迅速提升。内蒙古的经验还表明，农业发展的潜力在于加工业，只要路子对，措施得力，农产品加工业是可以实现超常规、跳跃式发展的，实现了让企业赢利、更让奶户致富、让社会受益的战略思想。

第三节　宁夏枸杞产业化的基本做法及启示

枸杞在宁夏已有千余年的栽培历史，是宁夏久负盛名的特产，因品质上乘，在明清时就被列为贡品，后来又成为唯一被新中国药典载入的枸杞品种，深受中外消费者的青睐，被誉为"红宝"，是珍贵的中药材和高级滋补品。在经济发展的大潮中，宁夏枸杞独树一帜。"短短数年间，宁夏枸杞的栽种面积达 50 多万亩，占全国总面积的 30% 以上；干果产量达 7 万吨，占全国的 60% 以上。形成了以中宁为核心，清水河流域和贺兰山东麓为两翼的枸杞产业带。"（宁宝仁和李人，2008）"中宁枸杞"经国家审批成为证明商标，"宁夏枸杞"被列为地理标志产品保护。枸杞产业产值达 21 亿元，农户亩均纯收入在 4000 元以上。2009 年宁夏枸杞出口创汇突破 2000 万美元。枸杞分布较广，除宁夏外，甘肃、青海、新疆、内蒙古、河北等省（自治区）都有种植。分析枸杞缘何"宁夏红"，通过研究发现，宁夏枸杞迅速崛起，主要源于以下的几点。

一、政府的一系列优惠政策措施，促进枸杞产业的迅速发展

宁夏是我国枸杞的传统产地，为了大力发展枸杞产业，宁夏回族自治区政府在扩大种植规模、培育枸杞产品市场、产业化宏观指导和为企业服务上做了大量工作。2003 年，宁夏制定了《优势特色林业果品产业带建设规划》《优势特色农产品区域布局及发展规划》，2004 年制定了《宁夏回族自治区人民政府关于加快枸杞产业发展的实施意见》。2006 年，在总结经验的基础上，进一步出台了一系列扶持特色优势产业发展的政策措施，实行"以奖代补"，重点扶持五大战略性主导产业和六大区域性优势产业。从此，宁夏特色优势产业发展呈现出超常规、快速发展的良好态势。

二、依靠品牌优势，推动宁夏枸杞产业发展

宁夏中宁县是国务院命名的"中国枸杞之乡"，"中宁枸杞"在工商总局注册为产地证明商标，《中国药典》规定，唯宁夏枸杞才可入药，这是其他任何种植省区都无法比拟的。宁夏依靠这一传统品牌，科学制定农业品牌发展的战略规划，明确相应的名牌战略指导思想和目标。企业把品牌作为进入市场的"准入证"，充分认识到农业创名牌是市场经济发展的迫切要求，是关系到企业生死存亡的大事，自觉走农业创名牌之路，努力提高产品声誉，打出自己的品牌，通过品牌效应，不断地扩大生产规模，取得较好的经济效益。利用广播、电视、书报、会议交流等，大力宣传宁夏枸杞名、优、特的优势，提高产品的知名度，做大做强枸杞品牌。设立了目前全国唯一的省级枸杞协会，还举办了一年一度的"中国·宁夏·国际枸杞节"，中宁县投资近亿元建成了全国最大的枸杞市场和中国枸杞城，对树立和宣传宁夏枸杞品牌、发展枸杞产业起到了良好的助推作用。宁夏枸杞现已畅销全国，并远销欧洲、日本、东南亚及美国、澳大利亚等国家和地区，成为全国中药材产销量第一大品种。

三、枸杞产业链的延伸，快速促进了产业的发展

在全国种植枸杞的几大省份中，数宁夏的枸杞工商企业和产品最多。目前，宁夏回族自治区已有100余家企业和一大批工商户从事枸杞干果和酒、药、汁、粉、糖、茶、饮料，以及保健品等产品的加工和贸易。由于种植面积的不断扩大，宁夏把枸杞的药用价值作为枸杞深度加工的突破口，许多科研院所加大了对枸杞深加工技术的研究。在枸杞深加工上，已经陆续开发出了枸杞果酒、枸杞籽油、枸杞花蜜、枸杞芽茶等6大类、10多个深加工产品，培育出了"宁夏红""早康""杞芽"等一大批知名品牌[1]。随着枸杞加工链条的延伸，枸杞的经济效益越显著。现已突现出宁夏红酒业集团、宁夏恒生西夏王酒业公司、宁夏上实保健品有限公司、宁夏红枸杞商贸公司等有实力的企业。其中，宁夏红酒业集团作为国家农业产业化重点龙头企业，以"宁夏红"果酒一举打破了白酒、啤酒、葡萄酒三分天下的中国酒行业传统格局。宁夏红酒业集团被评为"中国最具竞争力 100强企业"之一，排名第 53 位，"宁夏红"与茅台、五粮液、水井坊等名酒一起入选中国最具影响力的 20 个酒类品牌，产品已畅销全国 30 个省（自治区、直辖市），并远销日本、韩国、中国香港等东南亚国家和地区，"宁夏红"已成为中国知名品牌。

---

[1] 青海省绿色药业有限公司联合调查组、宁夏中药产业化青海省科技厅农社处. 种植及枸杞研发中心考察报告. 2001

四、科学技术是宁夏枸杞产业化的第一生产力

宁夏集中力量发展枸杞科技研发，取得了显著的成效。在枸杞种植苗培育中，宁夏枸杞研究所研种的"宁杞一号""宁杞二号"，以其适应性强、早产、丰产、优质而被国家列为首选推广品种。"宁杞一号"枸杞种植苗因纯度高、根系发达、苗壮、成活率高而成为柴达木地区种植的首选品种，其他各省区的好品种也多从宁夏引进。在枸杞的种植方面，率先实施了枸杞幼龄密植早丰产技术、枸杞硬枝扦插无性繁殖技术枸杞无公害、绿色食品生产技术等，使全区的科技覆盖率达到95%以上，枸杞良种利用率达到 95%，枸杞科技贡献率达到 70%以上。在枸杞成分及作用研究方面也有一些成果，有多项深加工专利技术和卫生部批准的健字号食品。引进、开发了枸杞专用色选机设备及配套技术，并建设了 6 家大型枸杞机械拣选企业，结束了长达数百年人工挑选的历史，为枸杞的初级加工自动化生产线的利用创造了条件，给传统枸杞加工业带来了一次技术变革。

五、启示

宁夏枸杞产业在传统的地域品牌优势下，依靠宁夏回族自治区政府的有效宏观调控和一系列优惠政策扶持，结合龙头企业的做大做强、产业链条的延伸，使宁夏枸杞"红"遍中国，走向世界。宁夏枸杞产业成为带动当地经济发展的支柱产业。

第四节　荷兰花卉产业化的基本做法及启示

荷兰被称为世界花卉王国，具有悠久的花木生产历史。"荷兰花卉产品 80%出口，年出口总额近 60 亿美元，是世界第一大花卉出口国，其中鲜切花占世界鲜切花贸易额的 63%。"（赵良平和黄正秋，2001）花卉业不但成为荷兰农业的支柱产业，还饮誉全球。荷兰花卉产业化取得如此大的成就，归功于荷兰完善、快速、高效的市场体系，健全、严格的花卉质量监控体系，科研、教育与工厂化设施技术的应用和完善的农业产业化流通组织。这跟以下的做法是分不开的。

一、"拍卖"的经营模式是荷兰花卉产业快速发展的支柱

荷兰的花卉经营模式可以被概括为："（拍卖）市场体系＋（生产）公司。"在所有市场体系中，拍卖市场是最重要的，也是最主要的市场。荷兰有 7 个鲜花拍卖市场和 2 个球根拍卖市场。荷兰花卉出口额的 80%是通过拍卖市场进行的，拍卖成为荷兰花卉销售的主要方式和渠道。"1986 年成立的位于荷兰阿斯米尔镇

的阿斯米尔联合拍卖市场，是荷兰最大的拍卖市场，它占地面积 71.5 万平方米，相当于 120 个足球场，拍卖大楼有工作人员 1800 人，全拍卖行包括出口公司和其他公司共有职工 1 万余人，车位 4500 个，冷库 3 万平方米，每天有 2000 辆货车和 20 架波音飞机将拍卖成交的花卉运往世界各地。该拍卖市场日交易可达 5 万笔，日均交易鲜花 1400 万支，盆栽植物 150 万盆，年销售量鲜花 35 亿支，盆栽植物 3.7 亿盆。阿斯米尔拍卖中心的拍卖市场份额就占荷兰市场的 55%，欧洲市场的 10%，世界市场份额的 5%。"（赵良平和黄正秋，2001）进入阿斯米尔花卉拍卖市场的花卉和植物要按有关规定进行登记，并按国际标准进行产品质量检测，随后即刻被送到冷藏库和存放库等待上市拍卖。拍卖成交的产品按客户要求进行包装，然后被送往拍卖行的发货中心。发货中心设有植物检疫站和海关，集装箱货车就等在海关出口处，待海关放行后立即将花卉发送到附近的谢尔波机场。这一连串的运作都是分秒必争地保证了出口花卉的新鲜，80%的产品以最快的速度储藏，并空运到美国及远东各国。

二、健全、严格的花卉质量监控体系是荷兰花卉产业发展的有力保障

保证高品质是荷兰花卉部门的首要工作，因此，他们有一个严格的质量控制体系。为了保证不把有害的生物带入荷兰境内，所有进口的活的植物都必须进行进口检查。同样，出口到其他国家的植物也必须附上检疫合格证明。这种检疫不是在离境口岸做的，而是在出口商或种植户的花卉种植现场或储藏场所进行的，其目的是让检疫人员可选到他们需要的检疫对象。检疫工作是根据花卉将要出口到达的目的国的进口要求进行检疫的。如果出口的目的国提出要求，他们将进行大田试验及实验室测试工作。政府所属的植物保护服务研究所负责这些检疫、检查工作。荷兰鲜切花及观赏植物检疫服务处（The General Netherlands Inspection Service for Cut Flowers and Ornamental Plants，NAKB）负责鲜切花及盆花的质量和繁殖材料的品质。凡是生产或经营繁殖材料的单位都必须是荷兰鲜切花及观赏植物检疫服务处的会员单位。荷兰鲜切花及观赏植物检疫服务处负责检查其会员单位的产品是否符合检疫的要求，包括是否符合国家的卫生要求、产品的真实性、产品的纯度及产品的外观质量等。如果哪家公司的产品质量经荷兰鲜切花及观赏植物检疫服务处检查后发现不符合其要求，那么该公司可能会被取消其资格认定证书，而如果没有资格认定证书，将不被允许经营繁殖材料。质量控制贯穿于生产、加工、运输及销售全过程。在荷兰，各公司都深知这一点的重要性。为了提高花卉产品的质量，批发商与拍卖行和生产者密切合作。在这过程中，包装和其他后勤服务也密切配合，同时，加工部门也要积极合作。为了使花卉最新鲜、工作最有效，他们经常把这些部门的有关人员集结在一起，共同研讨。荷兰已经制

订出来了一个让花卉批发商达到 ISO9002 标准的方案，并且荷兰正在制定批发商及生产种植户 ISO 的资格认定体系。

三、科研、教育与企业一体化是荷兰花卉产业竞争的优势源泉

　　荷兰花卉产业非常注重科研，荷兰花卉研究所很多，有大学里的研究所、国家办的研究所和花卉公司自己办的研究所。虽然研究所归属不同，但是各研究所分工明确、协调配合，共同推进了产业的创新。他们的研究经费一般来自政府和企业。荷兰国家办的研究所，目前有科研人员 800 多人，主要侧重研究应用型的基础理论。花卉公司自己办的研究所主要从事应用型技术和理论研究，如花卉育种、栽培技术、资源引进和开发等。"在荷兰由公司办的研究所有 60 多个，科研人员有 5000 多名，是花卉科研的主力军。"（赵良平和黄正秋，2001）

　　荷兰非常重视花卉人才的培养。荷兰各级农业教育都开设了花卉专业，学生所学的专业课程涉及的面非常宽。在花卉生产的地区，荷兰的职业学校二年级以上的班级就开设了花卉生产和销售课程。这些学校一般都将理论与实践相结合，为科研机构和花卉公司提供专业化人才。

　　荷兰正因为有专业化人才、强大的科研力量，所以荷兰花卉产业平均每年能出 800~1000 个新品种，才能在国际市场有着持久而强人的竞争力。

四、启示

　　荷兰花卉产业的成功是由诸多因素决定的。悠久的生产历史、完善的花卉栽培教育、推广和研究，极大地提高了花农的技术水平；不断的科学研究使荷兰的花卉业经常开发出新技术和新产品。在荷兰，所有花卉生产者都可直接获得最优秀的繁育材料；在生产链中，高效检验服务和质量控制系统确保了花卉生产的最佳质量；完善的基础设施和配套服务及成功的配送系统使花卉种植者走向专业化生产，给其带来良好的经济效益。

第七章　产业链理论

第一节　产业链研究现状

产业链的思想最早来自西方古典经济学家斯密有关分工的论断,其著名的"制针"的例子就是对产业链功能的生动描述,只不过传统的产业链局限于企业的内部操作,强调企业自身资源的利用,仅把产业链看作是一个产品链。西方经济学家早期的观点认为,产业链是制造企业的内部活动,它是指把外部采购的原材料和零部件,通过生产和销售等活动,传递给零售商和用户的过程。经济学家马歇尔把分工扩展到企业与企业之间,强调企业间的分工协作的重要性,这可以被称为产业链理论的真正起源。1958 年,赫希曼在《经济发展战略》一书中,从产业的前向联系和后向联系的角度论述了产业链的概念。但随着供应链(supply-chain)、价值链等理论的兴起与运用,产业链理论被相对弱化了。Houlihan(1988)认为,产业链是从供应商开始,经生产者或流通业者,到最终消费者的所有物质流动。Stevens(1989a)将产业链看作由供应商、制造商、分销商和消费者连接在一起组成的系统,其中,贯穿着反馈的物流和信息流。此观点不仅把产业链看成一个产品链,同时也将其看成一个信息链和功能链,强调信息和产品同等重要,产业链中存在反馈过程。Harrison(1993)基于价值网络的概念,将产业链定义为采购原材料,将它们转换为中间产品和成品,并且将成品销售到用户的功能网络。该定义提示我们关注产业链产生价值贡献的功能作用。

国内研究产业链的学者主要有茵明杰、郁义鸿、龚勤林、蒋国俊、李仕明、李心芹、刘刚、刘大可、吴金明、赵绪福等。龚勤林(2004)系统研究了产业链延伸的价格提升问题、产业链延伸与统筹区域发展问题、产业链接通的经济动因与区际效应问题。他指出:"产业链是各个产业部门之间基于一定的技术经济关联并依据特定的逻辑关系和时空布局关系客观形成的链条式关联关系形态。"产业链主要是基于各个地区客观存在的区域差异,着眼发挥区域比较优势,借助区域市场协调地区间专业化分工和多维性需求的矛盾,以产业合作为实现形式和内容的区域合作载体。龚勤林(2004)认为:"构建产业链包括接通产业链和延伸产业链两个层面的内涵。接通产业链是指将一定地域空间范围内的断续的产业部门(通常是产业链的断环和孤环形式)借助某种产业合作形式串联起来;延伸产业链则是将一条既已存在的产业链尽可能地向上下游拓深延展。"蒋国俊和蒋明新（2004）研究了产业链中间产品的定价范围、产业链的稳定机制。但蒋国俊和蒋明新（2004）对产业链中间产品的定价研究仅限于一个公司各分厂的中间产品最优转移价格，对于独立企业之间如何确定中间产品的转移价格没有研究。对于产业链稳定机制的研究，蒋国俊和蒋明新（2004）认为，主要取决于竞争定价机制、利益调节机制及沟通信任机制三种机制的共同作用。李心芹和李仕明（2004）研究了产业链的结构类型和产业链中间产品动态定价问题，并根据产业链内部企业与企业之间的供给和需求的依赖强度把产业链分为四种结构类型：资源导向型、产品导向型、市场导向型和需求导向型。刘刚（2005）研究了产业链的知识转移与创新结构问题，给出了基于产业链的知识转移与创新结构模型。吴金明（2006）研究了产业链、产业配套半径与企业自生能力，指出产业链有内涵的复杂性、供求关系与价值的传递性、路径选择的效率性、起讫点的一致性四个显著特性，以及吸引投资、聚集企业，发挥比较优势、打造竞争能力，增强抗风险能力、稳定经济三大基本功能，指出产业链的培育主要表现在产业的配套类型和配套半径上，并将产业配套分为省内、国内和国际三种类型，相应形成了省内、国内和国际三类配套半径。

吴金明（2006）还提出了产业链运行机制的"4+4+4"模型。吴金明（2006）指出：产业链是一个包含价值链、企业链、供需链和空间链四个维度的概念。这四个维度在相互对接的均衡过程中形成了产业链。这种"对接机制"是产业链形成的内模式，作为一种客观规律，它像一只"无形之手"，调控着产业链的形成。反映在实践中，除了这只"无形之手"，还有"企业内部调控""市场结构和行业间的调控""政府的宏观调控"这三只"有形之手"对产业链的形成进行调控。"无形之手"和"有形之手"的"握手"过程就是现实中对产业链进行"四维调控"的过程和产业链的形成过程，即产业链形成的外模式。产业链外模式的主要表现形式有四种：市场交易式、纵向一体化、准市场式和混合式产业链。四维对接、四维调控及四种具体模式构成了说明产业链形成机制的"4+4+4"模型。周新生（2006）研究了产业链打造的有关问题。刘大可（2001）对产业链中企业与其供应商的权力关系进行了分析，尹琦和肖正扬（2002）提出了生态产业链的概念。王兆华等（2003）提出了生态工业园中的生态产业链结构模型。王凯和颜加勇（2004）对农业产业链管理理论进行了系统研究，提出了一系列颇有见地的农业产业链理论。此外，我国学者还从行业、企业等经济实践的角度，研究了产业链的构建问题。例如，董广驰（2004）介绍了山东沂州水泥集团创建的生态产业链，冯久田（2003）介绍了鲁北企业集团的生态工业产业链模式，尹琦和肖正扬（2002）对纸业生态产业链进行了设计。

第二节 产业链内含链研究现状

一、价值链研究现状

从产业链产生发展的实际情况来看，价值链理论对产业链理论的研究起到了关键的导向和影响作用。产业链和价值链之间有着本质上的联系，都表达了具有某种特征的不同要素之间的相互联系，实际上价值链理论阐述了产业链中的价值增值过程。分析、研究产业链的内涵、形成过程和运行机制离不开价值链理论的具体指导。

1990 年，Porter 在其所著的 *The Competitive Advantage of Nations* 一书中，首次提出了价值链的概念。他认为，"从价值形成过程来看，企业从创建到投产经营所经历的一系列环节和活动中，既有各项投入，同时又显示价值的增加，从而使这一系列环节连接成一条活动成本链。价值链为一系列连续完成的活动，是原材料转换成一系列最终产品并不断实现价值增值的过程"。Kogut（1985）则认为，价值链基本上就是技术与原料和劳动融合在一起形成各种投入环节的过程，然后通过组装把这些环节结合起来形成最终商品，最后通过市场交易、消费等最终完成价值循环过程。在这一价值不断增值的链条上，"单个企业或许仅仅参与了某一环节或者企业将整个价值增值过程都纳入了企业等级制的体系中"。后来，海因斯等（2011）从价值实现的最终目标出发，对 Porter（1990）的价值链进行了重新定义，他认为，价值链是"集成物料价值的运输线"。海因斯等（2011）把顾客对产品的需求作为生产过程的终点，将顾客纳入价值链当中。另外，海因斯等（2011）把原材料和顾客纳入他的价值链系统中，这意味着，任何产品价值链中的每一业务单元在价值创造的不同阶段都包含不同的公司，这是对 Porter(1990)的只包含与生产行为直接相关的成员的价值链的重要延伸。理论上，价值链中价值的创造主要有两种形式："以比竞争者更低的价格提供无差别的商品和服务"或"以合理的额外费用提供无差别的产品或服务"。所以，价值链分析可用来确认和理解企业产生核心竞争力的额定资源，以及这些资源如何在经营活动中创造新的价值。近年来，国外管理学研究专家认为，"供应链上的价值链管理是企业经营的第三利润来源"。我国学者吴海平和宣国良（2002）认为，价值链理论的精髓是企业的整合与分解，它通过优化流程，最终实现了整个价值链的增值。

二、供应链研究现状

供应链从微观层面考察企业间的关联关系，该理论认为，在经济全球化和知识经济背景下，竞争性企业要想获得竞争优势，必须从企业特点与环境特点出发，将非核心业务外包，致力于核心业务的经营和管理，打造和培育核心竞争力。供应链的稳定运行基于竞争-合作-协调机制，强调既合作又竞争的竞合思想。供应链可以带来单个企业所不能提供的协同效应、价值链整合效应、流程综合经济效应等，该理论的重要思想对于产业链理论的研究具有极其重要的指导作用和借鉴意义。

供应链这一概念源于价值链，产生于 20 世纪 80 年代后期。作为国际上出现的一种新的企业组织形态和运营方式，美国管理学家 Stevens（1989b）认为，"供应链就是通过增值过程和分销渠道，控制从供应商的供应商到用户的用户之间的流，开始与供应的起点，结束于消费者的终点"。Ellram（2000）认为，供应链管理是整合管理应用于从供应商到最终顾客的通路计划及控制物料的整合方法，并以组成的通路所有成员的利益为导向，形成成员之间具有一致性满意的共同规划及管理。在满足通路顾客服务水准的目标下，使现有资源实现最有效的分配和利用，供应链形式应扩大到供应网络的结构。Christopher（1992）认为，供应链管理涵盖供应商经由制程程序与配送通路而达到最终消费者的商品流动过程的整个范畴。Cooper（1994）认为，供应链不局限于单一企业中，应将物流通路过程中所有成员视为一体，并以生产、配送及行销等活动作为制定决策的层次。Johnson 和 Wood（1996）认为，供应链管理的意义在于将企业与供应链中所有的企业整合，供应商、顾客、专业物流提供者分享必要资讯与计划，使通路更具效率及竞争力，这样的分享较传统能更精确及更仔细地掌握资讯，使买卖双方的关系更趋紧密。Douglas 和 Janus（1997）将供应链管理范畴扩展，包含自最终使用者回溯至起始供应商之间各种商业程序的整合，这一程序可提供产品、服务及资讯并增加顾客和各层级单位的附加价值。

我国学者马新安等（2001）研究了供应链核心企业对其供应商进行信息共享的最优激励问题。吴育华等（2002）研究了供应链库存效益分配问题，探寻供应链系统持续稳定发展的基础。Kohli（2003）在合作与竞争的两种条件下，研究了供应链企业的最优策略。企业通过供应链战略合作实现双赢以后，就存在一个利益分配问题，合理的利益分配机制是供应链管理成功的关键。一个供应链是否能够协调运作，取决于供应链中所有企业在做出经营决策时是否以供应链整体利润最大化为基础。

三、产业链与供应链的区别

供应链是个管理学概念，产业链是个经济学概念。供应链是从供应角度考察上、下游企业之间关系的，产业链则是对不同产业而言的。产业链总是客观存在的，而供应链不构成供应关系就不存在。产业链是供应链的一个物质基础，供应链是针对某一产业链而言的。产业是通过企业和企业的产品来表现的，即产业链有企业和产品两个节点，而供应链只有企业一个节点。

供应链和产业链统一于企业运动之中，两者的研究对象相同，都离不开具体的企业和具体业务，如物流、资金流、信息流等；产业链、供应链都是顾客价值的提供链和传递链，也是一条增值链，两者主要都是由市场需求拉动的，而且随着市场的变化而不断发展；企业间的竞争，实质上是产业链间的竞争，也是供应链间的竞争；产业链决定供应链，供应链服务和服从于产业链。产业链管理的核心是围绕价值活动环节进行分析，从而提高企业的竞争能力，创造更多价值；而供应链管理注重各成员在特定合作关系与合作模式的基础上，对物流、信息流、资金流等流程和业务活动进行集成，实现供应链整体效益的最大化，最后根据约定的利益分配机制共同分享供应链的整体盈余。因此，总的来说，产业链的价值分析侧重于从"活动"角度分析，而供应链的价值分析则习惯以"成员"为着眼点。

产业链反映的是企业更深层的内容，如经营战略、竞争优势等；供应链反映的是操作层的具体业务运作，如物流、库存、信息流等。供应链只是产业链的一种表现形式，产业链还有其他的多种表现形式，如生产链、技术链、产品链等。综上所述，产业链和供应链管理都是企业运动的必然结果，两者统一于企业运动之中。它们的关系既不是并列交叉关系，更非种属关系，而是内容与形式的哲学关系。产业链管理应注重宏观、战略、定性等方面的研究和应用；供应链管理则更应注重微观操作、运行管理、定量等方面的研究和应用。

第三节　产业链节点企业契约制度的建立

在产业链结构中，相同类型的交易对象处在不同的外部环境下，其交易行为带来的对交易对象的选择，存在不确定性。因此，在极少考虑情感因素的条件下，是什么原因使产业链节点企业相互连接起来，共同引导产业链发挥整体功能的呢？对此问题，学者们给出了较为一致的意见。Zucker（1986）研究认为，基于一种制度框架下的交易，不需要过多的情感因素，而是由于存在法律、许可证、审核、政府强制主体等制度性的结构，所以企业间形成了脱离私人关系下的信任机制。Ba 和 Pavlou（2002）指出，通过制度信任，才能建立企业间的信任关系。Lane 和 Bachmann（2001）研究认为，信任关系依赖于企业间建立起的制度机制，特别是在证明可信任度时，制度信任是重要的变量。Pavlou（2005）研究了制度信任对组织信任的影响关系。他将制度信任、满意、认知的风险、合作的诚意作为潜变量，将亲密看作制度信任和组织信任间的控制变量，架构了组织信任的理论模型，研究表明，制度信任对组织信任存在着显著的正向影响，并通过各因素间的关系，强调了制度信任对组织间建立可信环境的重要性。Pavlou（2005）提出了在第三方担保机制的作用下，制度信任与组织信任间的关系，其研究结论表明，制度信任在第三方的监督下，会对组织信任产生显著的影响。

约束机制是供应链节点企业组织之间利用合作各方的合约或者契约来加以规范、协调各企业及行为主体的行为方式的总和，它是保证企业间组织良好运行的基础。首先，约束机制要规定供应链上各节点企业组织间或其他行为主体的行动过程，对彼此之间的关系做出特定的承诺；其次，约束机制要对供应链上各节点企业组织间的相关决策权的分派或分布加以明确；最后，约束机制还要对如何应对由机会主义的广泛存在、环境的不确定性、资产的专用性等特点引起的组织冲突，是否或如何建立风险分配等相关规定加以明确。所以，供应链节点企业组织间协同约束机制一旦建立起来，各节点企业组织间或其他行为主体就可以按照合约或者契约来从事各种特定的行为，以维持供应链这一生态系统的良性运转。这种约束机制实质是为了发挥链上各节点企业组织的功能，实现最终目标而进行的彼此之间的权利交换。约束机制为供应链上各节点企业组织间的联合与合作提供了各种制度保障。

在市场竞争越来越激烈的今天，一个企业要追求高额利润，不能 "大而全" "小而全"，而要将那些辅助或非专业化环节外包，或者将非专用性资产出售，企业只干自己最擅长的价值环节，提高自己的核心竞争力。从原材料采购到最终的销售服务，整个产业链是由若干不同的企业来独立运作完成的。一般是某个区域有大型核心企业存在，一些中小企业为其配套生产，形成了核心企业和配套企业之间密切合作的产业链。

产业链上下游节点企业的关系可被分为两个层次：一个是节点企业间的结构关系；另一个是节点企业间的行为关系。节点企业间的结构关系包括纵向一体化、纵向约束、企业联盟三种形式。节点企业间的行为关系是通过契约形式进行约束的，约束节点企业哪些行为可为，哪些行为不可为。

纵向一体化是指节点企业在一个最终产品的产业链中，参与两个不同阶段的工作。更一般地说，它是指一个企业参与到一个最终产品的产业链不同的中间产品的生产。我们以轿车产业为例，如果将奥迪轿车作为最终产品，一汽大众公司是我国目前最大的轿车生产和销售公司，也就是说，一汽大众公司在轿车产业中是一个纵向一体化的公司。纵向约束是指节点企业与其交易的企业签订长期的、具有约束力的契约，契约中规定价格、行为方式或其他条款。也就是在一个最终产品链的不同企业之间，通过契约确定彼此的纵向关系。纵向约束包括独占交易、独占区域、共同代理、特许经营、搭售等多种形式。企业联盟是两家或两家以上的企业为某一个项目进行合作，共享信息或生产资源而不失去其独立的产权地位的组织形式。企业联盟是介于市场和企业之间的一种组织形态。由于它是一种相对固定的联盟关系，减少了交易费用，所以其交易成本低于完全依靠市场组织的交易成本；又由于加盟的企业各自具有独立性，企业之间的关系是由市场机制来调节的，所以其内部组织成本又会低于单纯企业的组织成本。企业联盟的建立使得原来存在于单个企业之间的竞争转化为联盟之间的竞争，效率较高、竞争力较强的联盟中的企业"共同优胜"，效率较低、竞争力较弱的联盟中的企业则"共同劣汰"。联盟中的企业虽然不是同一企业，目标不完全一致，但利益相关，"一荣俱荣，一损俱损"。所以，每个企业在考虑自身利益最大化的时候，也要保证其他加盟企业的基本利益和底线利润目标。

企业联盟关系并不是固定不变的。实现联盟的各个企业凭借契约结合在一起，当外部环境改变时，又可以通过解除契约的方式解散联盟，各企业仍能够以独立的法人身份寻找其他联盟伙伴，并签订新的企业契约。虽然企业之间受到契约约束，在一定时间内联盟关系相对稳定，但这并不意味着联盟关系是永久性的、一成不变的。各企业有权选择是否参与联盟，也有权选择与谁联盟。企业具有很大的独立性和自主性。这正是动态联盟与一体化战略的差异所在。

第八章　枸杞产业链延伸

第一节　柴达木枸杞产业链延伸的意义

特色农产品的开发和利用，长期受困于区域外比较优势模式的主导，区域外优势企业通过"贴标签"的方式，严重掠夺了该地区原生态特色农产品，使地区赖以发展的优势资源变为"资源诅咒"，地区少数民族反贫困的矛盾越来越突出，已经引发了诸多社会问题。柴达木独特的地理位置造就了枸杞生产具有绿色、环保、质优的特性，但枸杞产业链较短、源头农民利益得不到充分体现，如何借助柴达木这张牌，延伸产业链，提高枸杞的管理化水平，使该地区农民脱离贫困，是亟待解决的理论和现实问题。

柴达木枸杞产业链的延伸发展，实际上是通过产业组织的持续变化和价值创新来保持产业的增长的（芮明杰，2004）。这一变化基于新的竞争思维模式和寻找全新的枸杞市场空间机会，从根本上改变了独立发展和在枸杞产业边界内从事价值链一系列固定活动的传统模式，柴达木地区从事枸杞生产、加工的企业跨越边界去发现那些真正体现价值创新的领域，依靠资产的商业潜力参与价值创新网络和新的生产交易系统。为了适应环境的迅速变化，企业消除了产品和服务的区别，把它们统一到以活动为基础的"产出"中。随着创造"产出"的各种关系的日益复杂，参与枸杞产业活动的各公司重新配置与整合了它们的资产，调整和再构了枸杞供应商、合作伙伴与顾客的角色及其关系，以新的联合体在公司能力与顾客之间创造一种不断改进的动态和谐，战略竞争的基础基于区域的整个行业协作的价值创造网络系统。柴达木地区从事枸杞生产、加工的各企业以其资产的商业潜力建立起与其他公司、机构及客户之间的复杂枸杞产业生产交易系统，并通过持续、正式或非正式的合作和互动，对功能、关系、结构进行连续的设计与重新安排（龚勤林，2004）。这一过程构成了枸杞行业内企业间的有序竞争。企业在将技术和知识等资源集中于不断变化的价值创造过程的同时，对广泛的跨企业技术和知识进行开发、整合，进一步积累枸杞产业发展的资源潜力。产业链延伸发展与企业独立发展的模式差异如表 8.1 所示。

表 8.1　柴达木地区枸杞产业链延伸发展与企业独立发展的模式差异

项目	企业独立发展	产业链延伸发展
战略目标	企业从事一系列固定活动，提供产品和服务	企业依靠主要资产的商业潜力参与价值创新网络和新的生产交易系统，提供产出
产业假定	产业条件既定	产业条件可以改变
战略重点	建立竞争优势，打败竞争者	企业在产业竞争的所有要素中识别最有价值的要素，参与价值创造网络和生产交易系统中关系、结构的构建，力求主导市场
顾客	通过市场的进一步细分、形成差异化，保持和扩大客户基础	大多数顾客为生产交易模块化、集成化后产出的接受者，寻求特定阶段多数顾客的共性需求方面，发现全新的客户价值资源
资产能力	利用已有的资产与能力	不受已有资产与能力的限制，考虑资产的商业潜力；企图开发、获得、整合和积累广泛的跨企业资源
主要策略	市场份额、技术创新与上市时间	在生产交易系统的定位和调整，价值增长潜力与价值创新；技术与竞争力仅是一种手段
企业供给	提供产业传统边界决定了的产品与服务	提供总体解决顾客需求的阶段性产出

　　根据企业之间的关系结构和产业链功能，柴达木地区枸杞产业链的延伸、发展可以被分为以下四个阶段。

　　（1）基于柴达木地区枸杞产业集聚的产品系列化阶段。柴达木地区从事枸杞生产和加工的企业的竞争力主要来自廉价的劳动力、靠近原材料产地等带来的低成本等优势，利润空间不大；由于在创新要求较高的增值环节实力有限，以及柴达木地区本地创新网络和社会资本的缺失，通过价值创新方式发展艰难。通过企业集群的组织形式，将一些传统产业的大量企业集聚在这一区域，扩大了区域的市场规模和要素供给，吸引了相关供应商、中间商、服务代理商，从而可以为客户提供"系统解决方案"。由于集群化企业可以利用专业要素市场和枸杞的产品市场，完成产品和服务的能力远远超出其实力，带来了产品和服务生产交易的系列化。结果是企业获得了独立经营所不能获得的外部经济和公共资源，创造出比集群外的竞争对手更多的价值，发展成柴达木地区优势的枸杞产业。

　　（2）集群化企业间的分工和产业集成化阶段。集群中的企业通过集中优势资源，利用分工、专业要素市场和枸杞的产品市场，可以实现各种要素的整合与协同，完成枸杞产品某一环节的产出，进而形成企业间相互匹配、分工协作的枸杞产业关联群体，提升产业竞争力。同时，由于集群中生产经营避免了更直接的激烈竞争，加速了企业之间的分工，这种企业间生产交易的刚性分工与柔性协作的有机结合，促进了产品更新和产业发展（吴金明，2006）。鼓励有实力的企业从事具有较高价值活动的研发、营销等活动；部分有一定实力的企业从事生产、加工某一环节的产出活动，成为较大规模企业的成品化零部件的供给企业；更小规模的企业从事终端产品和服务某一环节的子环节的产出活动，为成品化企业提供单件或组合零部件。这样，在不同规模和种类的企业之间就形成了明显的层次性分工，表现为大中小差异及业务内容的设计、组装到简单加工的产出区别，以及相应的劳动力结构，构成了以垂直交易为主的、各环节产出相对固定的持续生产交易。在产出过程中，上下游之间的协作在产出同一层次和环节的企业之间保持了有效竞争，从而形成企业之间的竞合关系。这一生产交易体系的形成，降低了各企业的内制率，提高了中小企业参与枸杞产品和服务产出的开发创新比率。由于大企业与大部分产出子环节企业存在长期、持续的交易关系，产出子环节企业可以参与研发，使行业在完善产品设计和提高产出效率的同时，也提高了生产率，缩短了产品的开发和生产周期，而不同环节和规模企业的人员的密切协作与频繁接触，也促进了技术的扩散和行业知识的积累（刘刚，2005）。集群企业间的分工和产业集成化，也是产业生产交易体系的重大改变和再造。较大规模企业以子环节产出，如零部件集成化或成套化的形式，为大企业提供产出件组合，大企业就可以选择零部件企业或委托少数零部件企业进行持续交易和参与产品开发，通过压缩产出子环节企业来降低管理成本和生产成本，而为大企业提供产出的这些子环节的零部件企业本身具有系统综合力量、技术力量、资本力量等（李心芹和李仕明，2004）。更小规模的子环节企业由于产出的附加值较低，在产业集成化中面临着更为激烈的竞争。由于枸杞生产系统和产出交易系统在国内与国际范围进行，区域供给与需求必须在必要时间按照必要量，用一揽子供货或订货的基本方式提供。产业集成化发展的结果使产业生产交易系统结构中，产出企业数量减少，功能分化，产业生产系统的层次将更为紧密、直接，核心价值更为突出，形成有效规模。大企业增强了开发能力和对其他子环节企业的管理能力，缩短了产品开发周期。较大规模的子环节企业通过对若干更小子环节产出企业的集成化形成共同体，共同推进子环节产出的集成化开发。集成化的进展包括大企业与较大规模企业之间、较大规模企业与较小规模企业之间在内的整个产出生产交易体系的结构性重组，从产出子环节的物理性统一向生产交易系统的功能性统一发展，最终将彻底改变产业的生产交易体系（蒋国俊和蒋明新，2004）。

（3）基于全球生产交易的枸杞产业模块化阶段。基于全球生产交易的枸杞产业集成化将进一步超越产业各环节产出的组合，在一定区域形成产业产品的某一阶段产出的独立单元，每个单元作为产业生产交易子系统构成产业的终端产品和过程的一个组成部分，在满足产业标准、规则的同时，按照自己的独特能力和资源选择，开发相对有竞争力的产业产出领域。这些生产交易的单元就成为产业的模块，并具有一种动态的效率。处于产业某一模块的各企业选择一系列技术、技能和资源，相互独立地从事不同的工作。进一步来说，每个公司开发产业产出模块的不同子模块或研究不同的改进方法，提供功能相同但质量和规格等要求不同的产出。这一方式加快了产出的创新，缩短了整个产品的开发和生产周期，在快速变化的环境中丰富了产出种类。同时，有关信息更为集中、准确和及时，各公司大大提高了市场定位、把握市场和指导内部创新的能力，从而提高了产业模块的生产交易系统效率，并且各个公司可能与新兴的、同自己的业务相差很大的公司和区域机构结合起来，以追求自有资源之外的市场机会和产出应用领域。在产业模块化的发展中，参与竞争的企业将重新设计内部组织，使之成为有活力和有创造力的学习性组织。企业不仅通过分配适当的资源来进行产出活动，而且将通过企业共享市场，参与产业模块的远景设计和资源积累，重新解读行业的不确定性和定义产业产出的过程单元，不断地建立、发展、调整和完善企业在产业生产交易过程的结构和关系连接，协调及控制与供求网络相关的产业模块规则。这一阶段，各个公司利用产业的技术、非技术标准及经营灵活的低成本优势，超过了集成化阶段专有性战略获得的收益，公司的竞争力表现为在产业模块中对规则的设计制定和对占主导优势地位的产出模块的控制。在产业模块化结构中，每个公司都在产业某一领域从事子模块某一环节的产出活动，从而使产业系统模块的生产商和使用者均获得了成本降低与灵活性的福利，使用者可以选择适合自己需要的产出，生产商根据产业标准独立地进行产出开发与生产交易。这样，一个整体有效运转和增长的同时，不断激励创新，扩展产出领域和市场，提高行业应对环境变化的反应速度和适应能力。

（4）基于经济全球化和现代技术的产业网络化阶段。产业模块化是产业从产业集成化到产业网络化发展的一个过渡阶段。20 世纪 90 年代以来，由于经济全球化和现代信息通信技术的快速发展，以及现代交通技术的进步和跨国公司的大规模扩张，产业垂直分工的方式被网络经济运行方式取代，各区域的产业模块逐渐融入全球价值增值链或者经营网络之中。原有的产业模块成为产业在全球生产交易网络的一个节点，产业产出的资源供给、设计、制造、销售等活动以全球市场为目标。追求全球生产交易的企业，通过参与构建，利用包括数据交换网络和交易网络在内的产业通用网络，进行世界范围的采购、订货、销售，扩大了销售规模，提高了资源利用率。参与产业网络的企业首先需要通过资格认定和规则认可。一般地，被认定的企业应具有价格竞争力、生产能力和相应的技术力量，能够提供世界范围内特定区域所需的产出，有良好的相关交易业绩。这一认定制度的另一普遍操作是产业产出的某一子模块由一个公司承担和总包，公司往往依赖于在某些区域形成的产业集成和子模块，进一步降低成本和大量供给子模块部件的产出。也就是说，产业网络化是以产业集成化、模块化为契机的产业生产交易企业的全球化重组，是超越了一系列产品供给公司的产业生产交易体系的最新发展。

第二节　柴达木枸杞产业链延伸中的影响因素分析

肖芬等（2009）在研究煤炭矿区产业链延伸的影响因素时指出，产业链延伸受内部和外部因素影响，并将其区分为促进因素和阻碍因素，促进因素中，矿区利益、人力资源、环境保护是煤炭矿区内部因素，公众促进和市场需求是矿区外部因素；阻碍因素中，技术成本、经济风险、自身管理是煤炭矿区内部因素，资源枯竭和国家政策是矿区外部因素。崔焕金（2005）从可持续发展的角度分析了技术创新的业务链延伸在煤炭企业可持续发展中的重要作用与意义，其实质就是煤炭企业如何依托技术创新走内涵式和外延式产业链延伸的道路。邓娟和李烨（2010）研究认为，资源型产业链延伸受基础因素（自然因素、管理能力）、行为因素（技术创新能力、投资能力）和约束因素（市场需求、国家产业政策、环境保护）的影响。上述学者虽然站在不同的产业角度分析了产业链延伸的影响因素，但共性因素可见一斑。柴达木地处青藏高原，由于特定的地理位置和复杂的地貌特性，枸杞的发展越来越显示出优势，气候干燥、阳光充足等条件为枸杞的发展奠定了基础。但近年来，政府倡导的"农户+公司"农业发展模式在拉动农业经济的同时，也逐步显现出弊端，特别是山地特色农产品（如枸杞）发展中，公司严重盘剥农民利益，一些公司将其特色农产品低价收购后，转到外埠市场，然后通过"贴标签"的形式，掠夺当地特色农产品，产业链延伸较短，基本处于"农民—公司—消费者"状态，公司只将获利的目标放在上游农民身上，对下游行业关注严重不足，对中间产品的开发和技术研发力度不够。基于前文分析，本书认为，柴达木枸杞产业链延伸对不同的内含链有不同的影响因素，就空间链而言，其影响因素主要受产业所处地理位置的影响，企业链受物质（中间产品）和资金交易的影响（王友云，2014），技术链受技术研发成本、技术协同创新能力、技术保护度的影响，信息链受人际信任、专用性资产投资和制度信任的影响（汪延明，2014）。厘清这些影响因素对产业链延伸具有较强的方法论支持。

第三节　柴达木枸杞产业链延伸层面

一、空间链的架构及延伸

空间链是指同一产业链在不同地理区域间的布局或分布状态。产业链从所处的节点企业来看，具有上游和下游之分，而对枸杞来说，具有拓长和拓宽价值链的空间。为此，空间链的架构和延伸必须依赖枸杞产品的空间布局和企业的空间布局。首先，对于枸杞产品，应厘清分布状态，结合柴达木的生态环境治理需要，形成连片、连域、连带的种植格局，实现柴达木枸杞农产品产业化规模；其次，针对产业链延伸中企业的带动作用，以经济区划建设的规划要求，在"核心企业+节点企业+研发机构"模式运作下的同一地区环形产业链，主要加工生产山地特色农产品为原料的中间产品；最后根据中间产品的去向，依托招商引资，引进深度加工企业，在同一地区或省内不同地区构建加工基地，将不同的中间产品作为空间延伸的手段，而不是将单一的枸杞产品作为创品牌、创绩效的手段。

二、企业链的架构及延伸

企业链体现产业链中不同的企业之间通过物质、资金、技术、信息的流动和相互作用形成的相互关系，是产业链的外在表现形式，具有纵向一体化特征。现在柴达木枸杞产品的产业链很短，企业基本没有形成纵向一体化的链条，究其原因，主要是"农户+公司"模式主导下形成单一企业在行业中的高度垄断，市场准入机制发挥不了作用，是严重的市场失灵状态（因为自由竞争是判断市场是否失灵的标准）。企业链的延伸必须打破"农户+公司"的模式，将"农户+公司"模式中的企业只作为企业链条中的一个具有生产中间产品的节点企业，不要将资源配置的所有权利全部下放到该企业，特别要杜绝政府仅主导招商引资的前期工作，一旦招商引资完成，却对企业后续问题不管不问的失当行为。企业链条的形成首先必须依赖政府提供的公共产品（政策），政府的政策要体现在企业间能否沟通、交流、合作方面，简单来讲，政府的政策要有利于企业间的协同。所以，应在政府公共政策的引导下，公开招标柴达木枸杞产品生产加工的核心企业，核心企业必须体现技术研发能力、经济增长能力和社会贡献能力。由核心企业在协同政策的激励下，通过制度信任等手段形成"辐辏"式产业链（其含义是许多较短产业链变为核心企业的上游），防止外地企业将本地山地特色农产品"贴标签"，严重掠夺枸杞产品资源，造成本地的"资源诅咒"或本地市场供不应求，价格偏离价值。同时，"辐辏"式产业链也可以直接保护本地枸杞产品品牌，而且能够形成特色品牌。以"辐辏"式产业链为依托，以核心企业生产的中间产品或最终产品去向为传导，特别是将中间产品辐射到省外甚至国外，嵌套在外部的产业链中，而将生产的最终产品通过中间产品的捆绑式销售逐步推向外地市场。

三、技术链的架构及延伸

枸杞产业链中的技术链是不同节点上以生产枸杞产品为目的形成的加工技术和对接技术，主要分为核心技术、平台技术和衍生技术。以往单个企业自主研发动力不足的原因主要来自研发成本。产业链是以核心企业为中心，聚集上下游许多节点企业，共同生产最终产品、共同承担风险的整体。技术链条的建立必须依赖协同研发的技术发展路径，在架构柴达木地区枸杞"辐辏"式产业链时，强调技术链中以核心企业为中心，通过节点企业和核心企业间的技术对接，进行模块式协同研发。在技术链条形成过程中，强调技术在产业链内部的溢出效应，打破节点企业间的技术封锁，通过"沟通+交流+合作"（也被叫作协同）的方式，形成产业链技术专用性资产，努力降低节点企业的研发费用，降低研发风险。在技术链的延伸中，应注意与科研机构的合作，在横向上注重生产技术的转化，在纵向上努力实现不同节点企业传递中间产品方面的技术对接。

四、信息链的架构及延伸

目前，不管是资源推动型产业链、技术主导型产业链，还是市场拉动型产业链，一个严重的阻碍产业链延伸的"瓶颈"就是信息严重不对称。柴达木枸杞产业链中这一问题同样十分突出，源头上，农民的知识信息、市场信息严重不足，在与公司博弈中产生逆向选择，严重挫伤了农民对枸杞产品生产的积极性，而公司在掠夺枸杞产品对农民的溢价时，产生了严重的道德风险，在不对称纳什谈判中，往往农民丧失了谈判能力。在产业链下游，公司掌控市场的完全信息，将柴达木枸杞产品转移到外地市场，通过"贴标签"的方式高价销售。所以，柴达木枸杞产品信息链的架构必须依赖企业链，一旦企业链架构完成，在制度方面，首先通过制度信任完成有限的交易次数，平衡产业链中信息的共享程度；其次在企业边界人员的努力下，实现企业间的人际信任，通过交往建立牢固的信息交流平台，特别是信息化背景下，通过建立产业链内部局域网和认证制度，形成信息交换的专用性资产。

第九章　柴达木枸杞产业链协同治理的理论探索

第一节　产业链协同理论渊源

产业链是生产组织关系社会化发展的产物，它始终在寻找如何提高各节点效益和效率的有效途径，这其中，产业链协同就是其中一种寻求路径。关于产业链协同的概念，目前学术界还没有一个明确一致的提法。在大量文献资料中出现的近似概念有"产业链一体化""供应链协同""产业链整合"等。

在国外，产业组织理论、交易费用理论、企业能力理论等学派的学者通过理论与实证等多种研究方法，对产业链协同的动因、影响因素、实施路径等展开了研究。

一、管理学研究视角

长期以来，无论是新古典经济学理论，还是新制度经济学理论，都将企业同质化作为假设，但现实中，无论是同一行业内，还是同一地区内，企业总是千差万别的，且总是有企业"消失"，有企业"生长"。对于各自存在差异的企业而言，其寻求产业链协同的动机也有所不同，其采取的行为也是有差异的，结果当然也是各异的。企业管理学中，主要运用企业能力理论对产业链协同展开研究，其突出的意义关键在于两点：一是融合管理学的思想，从企业微观层面上考虑产业链协同关系行为，打破原有的企业"黑箱"模式；二是提供了一个动态视角，即企业能力的不断变化将带来企业边界的改变。

企业能力理论主要是分析企业竞争优势的获取和维持。一般认为，企业能力是指企业具有较竞争对手更强的获取、创造和应用知识的能力，包括生产能力、创新能力、营销能力等。企业竞争优势的培育主要建立在长期的不可被模仿的核心能力之上，从而获取租金，创造利润。然后，由于知识的传播性和扩散性带来了租金的耗散，企业的核心价值能力可能会被削弱，此时，企业间由谋求协同的动机，来获取协同竞争优势，继续维持垄断租金。波特（2003）认为，协同效应是竞争优势的重要来源，他曾多次强调过协同的重要性："那些相互支持和补充的业务单位由于不同实体间的协同效应，能产生价值创造的效果；业务单位之间越有相关性，就越能获得协同效应；由于相关性增加了协同水平，它可以作为竞争优势的重要来源。"马士华等（2011）则强调供应链上企业之间的资源整合、组织关系协调和供应链业务流程协作，要么是为了获得更高的收益，要么是以低成本有效地满足客户需求，总之，是为了提升供应链整体竞争力，获取竞争优势。

二、新古典经济学研究视角

虽然古典经济学和新古典经济学兴起时，并未就产业链协同问题展开研究和讨论，甚至并未提及此概念，但是回顾诸多新古典经济学家的著作和理论，不难发现，产业链协同的理念或者理论根源早已埋下。

现代西方经济学的系统性发展源自斯密，经过李嘉图、西斯蒙第、穆勒、萨伊等的发展，逐渐形成了一个经典的经济学理论体系，这就是古典经济学（classical economics）。在20世纪以后，现代西方经济学历经了 "张伯伦革命""凯恩斯革命""预期革命"等三次大的革命，形成了包括微观经济学和宏观经济学的基本理论框架，这个框架被称为新古典经济学（neoclassical economics），以区别于先前的古典经济学。它在继承古典经济学经济自由主义的同时，以边际效用价值论代替了古典经济学的劳动价值论，以需求为核心的分析代替了古典经济学以供给为核心的分析。新古典学派主要包括奥地利学派、洛桑学派、剑桥学派，主要代表人物包括萨伊、马歇尔、张伯伦、凯恩斯等。就新古典经济学研究视角的产业链协同问题而言，主要可以从获取规模经济做出解释。

在新古典经济学理论体系中，产业链协同是企业典型的市场行为，企业决策的因素是生产成本，而产业链协同实现的路径是在社会化分工的基础上，企业通过与产业链上下游企业实现产业链协同，寻求规模经济，进而降低生产成本。马歇尔在《经济学原理》一书中就指出，企业横向整合一般都伴随技术和组织结构的调整，最终表现为一定程度平均成本曲线的改变和单位生产成本的降低，尤其是技术创新和制度创新的加速发展，拓展了企业的经济规模，同时也增加了企业实现规模经济效应的可能性，规模经济的追求是企业寻求扩张的直接原因。施蒂格勒在《分工受市场范围的限制》一文中也指出，企业的平均成本会随着企业的规模的变化而变化，当企业自制的平均成本低于其他企业专业化生产的平均成本时，企业将倾向于实行纵向一体化，反之，企业将倾向于实行纵向分解。

三、新制度经济学研究视角

新制度经济学派是在20世纪70年代凯恩斯经济学对经济现象丧失解释力之后兴起的，是近年来发展速度较快的一门经济学分支，它用主流经济学的方法分析制度的经济学。在20世纪60~70年代，出现了两个"新"制度经济学，分别是以加尔布雷思等经济学家为代表的new-institutional economics及以科斯、诺思等为代表的new-institutional economics。为区分这两支制度学派，国内一般将以加尔布雷思等为代表的制度学派称为"现代制度经济学"，而将以科斯等为代表的制度学派称为"新制度经济学"。新制度经济学主要包括交易费用理论、产权理论、企业理论、制度变迁理论等四大理论体系，主要代表人物有哈耶克、布坎南、科斯、诺思、维克里、斯蒂格利茨、张五常等。新制度经济学理论主要从短期行为的角度对产业链协同进行解释，主要从交易费用理论出发，重点体现在以下两个方面。

（一）产业链协同动机：降低交易成本

　　正如 Williamson（1985）所说，交易费用理论对经济组织的研究几乎都是在节约交易成本的思路下展开的，主要围绕企业边界问题（make or buy 问题）展开研究，而产业链协同问题解释就蕴含其中。交易费用理论认为，产业链协同的目的在于通过减少市场交易费用来增加利润，其基本动力在于现有和潜在的交易成本。科斯（1999）认为，市场运行或者交易是有成本的，如果从市场交易中获得生产要素的成本非常高，那么，通过一体化，用指令的方式调拨资源就是一种合理的选择。同时，科斯（1999）也指出，用指令配置资源的管理成本会随着生产规模的扩大而递增。正是这种管理成本和市场交易成本的替代决定了企业的规模或者边界。Williamson（1985）从交易的不确定性、交易频率和资产专用性程度三方面分析了交易费用的大小，指出资产的专用性、交易的不确定性造成的机会主义及交易频率较高的行为，使得现货市场上的交易成本较高，企业可通过一体化将合作者变为内部机构，用"契约"的形式来固定交易条件，从而达到消除机会主义行为，降低交易费用的目的。同时，他指出，产业链垂直一体化的关键是资产专用性，资产专用性越高，纵向一体化的可能性就越大。表 9.1 介绍了交易费用理论下的纵向关系治理分析框架。

表9.1　交易费用理论下的纵向关系治理分析框架

交易费用维度			产业链纵向协同模式（纵向治理）
资产专业性	不确定程度	交易频率	
无	—	—	市场交易
高	高/中	高/中	一体化（科层）
中/低	中/低	中/低	混合模式

资料来源：交易、治理与经济效率——威廉姆森交易成本经济学. 北京：中国经济出版社

（二）产业链协同动机：寻求中间组织效应

　　产业链上的企业纵向关系远不是用 make or buy 就可以描述完全的，在实际经

济活动中，往往存在大量战略联盟、供应链联盟等通过长期契约合同、共同治理等形式组建的组织形态，在新制度经济学中被称为"混合模式"（hybrid）或者"中间组织"。中间组织是介于组织外关系和组织内关系之间的，通过人才、技术及资本等方面的交流，既不完全采取使自身利益最大化的行为，也不会完全采取使产业链共同利益最大化的行为。这种关系在形式上保留着市场交易关系的一些特征，又融入了组织内部关系的一些特征（企业之间关系带有固定性）。新制度经济学派认为，企业也往往会采取中间组织形态来达到产业链协同效果，既具有内部一体化组织的控制和协同优势，又保持了运用市场机制的灵活性，实现了供应链上下游的协同管理。

四、协同学研究视角

协同学由德国著名物理学家赫尔曼·哈肯（Hermann Haken）于 20 世纪 70 年代创立。在其 1976 年发表的著作《协同学导论》中，赫尔曼·哈肯将协同定义为整个系统的各部分之间相互协作，使整个系统形成微个体层次所不存在的新质的结构和特征。协同学理论的基本思想是当系统内的各个子系统处于一定的条件下时，就会通过相互作用而产生协同效应，并认为一切开放自然或社会系统都可以应用协同学。而协同效应又被称为增效作用，简单地说，就是"1+1>2"或"2+2=5"的效应，是指两种或两种以上的组分相加或调配在一起，所产生的作用大于各种组分单独应用时作用的总和。

随着系统科学研究的不断深入，经济学界、企业管理学界也逐渐接受了协同的观点，现有文献中有关供应链协同的研究相对较多。供应链协同概念最早由加拿大著名管理专家安德森（Anderson）于 1999 年提出，其指出新一代的供应链战略就是供应链协同。他认为，供应链协同管理就是针对供应链上各、节点企业的合作所进行的管理，是供应链中各节点企业为了提高供应链的整体竞争力而进行的彼此协调和相互努力，建立公平公正的利益共享与风险分担的机制，搭建基于信息技术（information technology，IT）的信息共享平台，实现及时相互沟通，在提高供应链整体竞争力的同时，实现供应链成员企业效益的最大化。朱蕊（2012）在《基于价值网的物联网产业链协同研究》中指出，产业链协同是指产业链中各成员在不同环节间通过资源、技术、信息等一系列要素的建设而进行的彼此协调和联合，从而提高链的整体竞争力，实现整条产业链的高效运转。一个供应链协同体系一般具有以下几个特征。一是整体观念。各协同企业将供应链协同整体的利益最大化作为参与各方的共同目标，合作伙伴之间信息共享、共同运作，同时实现整体目标和各自的业务目标。二是新型的合作伙伴关系，即超越传统的竞合关系。协同伙伴之间已不是单纯的业务关系，而是为了共同的、具体的业务发展目标紧密合作的伙伴关系。三是信息共享。将合作伙伴成员间的信息系统紧密地集成在一起，实现了数据的实时流通和共享，使合作伙伴间能更快、更好地彼此开展协作，响应对方的需求和变化。

在产业链协同效应影响因素研究方面，美国田纳西大学的研究团队在 2000 年的一次研究中认为，影响供应链上下游协同的关键因素不是技术因素（虽然对有效协同运作的帮助很大），而是人为因素——共同兴趣和清晰的期望、公开和信任等。Barratt（2004）也有类似的观点，认为许多因素既是协同运作的障碍，也是其促进因素，其中最重要的是文化因素，包括信任、双赢（互利）、信息共享及开放式沟通等。国内学者凌鸿等（2006）则从组织、环境和技术三个角度分析了供应链协同的影响因素，其中，组织因素包括企业文化、企业战略、激励机制等；环节因素包括市场竞争环境、供应链管理复杂性等；技术因素包括跨组织IT 设施、协同软件及安全和弹性等。陈钦兰（2007）则认为，影响产业链协同效应的因素可被分为内部因素和外部因素，其中，外部因素可被分为资源依赖、效益导向和管理机制；内部因素包括合作关系（沟通、信任、相助）和合作绩效等。

第二节　产业链内含链治理研究现状

Richardson（1972）指出，一个经济系统中的生产是由许多最基本的活动，通过一定的相互联结方式进行运作而实施的。Williamson（1964）结合有限理性和机会主义的假设，认为不同类型的交易背后隐藏着不同类型的契约风险，制约着事前的专用性投资和事后的交易绩效，鉴于此，就需要有一种私下的治理机制，能够"注入秩序，转移冲突，实现双方共同利益"。基于国外将价值链和供应链作为主要的研究方向，因此治理也紧紧围绕这两个层面，国外价值链治理起步于Gereffi（1999）提出的价值链治理模式，他将治理界定在决定价值链内在环节的权力和权威关系上，并依据治理者的视角提出了基于生产者和消费者的两种驱动型治理模式。由于这种治理模式来源于对发达国家处于领导地位的企业控制商品链问题的讨论，后来的研究者们对这两种治理模式的有效性和相关性产生了许多质疑。Humphrey 和 Schmitz（2000）基于模块化价值链的视角，提出了全球价值链治理（global value chain governance）的概念，认为全球价值链治理是价值链各环节的一种制度和关系安排，并由此研究了全球生产网络的四种治理模式——市场型、网络型、准等级制、等级型。Kaplinsky 和 Morris（2000）提出了由立法、监督和执行三要素为主的治理框架，认为引入外部特定因素更有利于价值链的治理。Gereffi（1999）提出了全球价值链治理的五种模式——市场式、模块式、关系式、领导式和等级制，并研究了相关的治理机制，认为市场式表现的权力关系基本均等，价格机制发挥治理作用；在信息充分条件下，模块式反映消费者和厂商间保持独立的互惠关系，治理机制是一种柔性契约；关系式在价值链表现出一种相互信赖和相互依存，治理机制是信任和规则；领导式的相互依存程度更高，严格的标准和规则是治理机制；等级制反映价值链上的关系极不平等，厂商具有绝对支配权，因此对所有权的分割形成了它的治理机制。Ponte 和 Gibbon（2005）进一步解释了价值链治理的内涵，认为价值链治理应该包含链条成员的资格确认、共同行动、成员企业的自主权等问题。虽然全球价值链治理的提出涉及网络内企业的外部治理和利益主体的共同治理问题，但尚未涉及内部治理问题。从现有的观点来看，治理层面基本围绕 Gereffi（1999）提出的五种治理模式进行分解式研究，并提出一些片段化的观点，没有涉及定量研究，只是用社会学和管理学的方法进行了定性描述，对价值链治理的本质特性分析较少。而国内对价值链治理的研究才刚刚起步，基本处于对概念、模式的借鉴和吸收阶段。李月娥（2005）对价值链治理进行了解读性研究。黄永明（2006）用文献综述形式研究了国外价值链治理的思想。程新章和胡峰（2006）研究了价值链治理中的质量惯例。龚三乐（2009）针对企业升级，研究和介绍了价值链治理的重要性。潘豪（2010）在国外价值链治理模式中加进人文因素和权力因素，探讨了适合中国文化情景的价值链治理模式。

对于价值链治理而言，供应链治理研究起步较早，国外学者对供应链治理的研究基于两种渠道，一种是治理机制的设计，另一种是治理结构的研究。

治理机制的研究主要有关系、契约、激励和信任等四种。Dickson（1966）首次提出了合作伙伴间的关系治理，他认为，必须有一种准则来维系研究供应链中伙伴的选择和关系问题。Pasternack（1985）提出了供应链契约的概念，研究了如何利用回购契约协调供应链上节点企业间双重边际化问题。之后，Weng（1995）、Cachon（1999）、Lee（2000）、Taylor（2001）和 Barnes 等（2002）进一步研究了数量折扣契约、收益共享契约、价格保护契约、退货契约、期权契约、备份协议和数量弹性契约等机制问题。激励机制方面，Mishara 等（1998）指出，有害选择问题通常可以采用信号理论的方法解决，即利用某种信号揭示参与者的私有信息。Lariviere 和 Padmanabhan（1997）对通过某些信号传递来说明产品需求情况的问题也做了相关研究。道德风险问题则主要是通过采用激励机制，如给予价格补偿，来约束供应商的欺骗行为。近年来，以信任为纽带的新型治理机制受到越来越多研究者的重视（Bradach and Eccles，1989；Perrow，1992；Powell，1990）。而且，许多经验研究的结果也支持这样的观点（Larson，1992；Lorenz，1995；Uzzi，1996）。Paul（2005）认为，信任可以极大地减小交易成本（以握手代替合约）和代理风险（以互持信心代替对逃避责任和谎报的担心），从而大大地缓解由知识的公共产品特征而造成的合作困难，并且，对于只可意会不可言传的知识来说，信任是有效的知识交流的先决条件。随着知识管理成为决定业绩的越来越重要的因素，信任成为越来越有吸引力的对理性代理人的治理机制。治理结构则侧重于对影响因素的研究，基于交易费用的视角，Williamson（1964）提出，交易成本决定了治理的结构，按交易成本的大小演变出市场型、混合型和科层制三种治理结构，而且市场型和混合型伴随交易成本相互转化。Walker 和 Poppo（1990）根据技术创新因素研究了供应链治理结构，认为技术的创新能力和创新程度与供应链的治理结构显现相关。Stalk 和 Hout（1990）认为，产品的差异化特征影响供应链的治理结构。Monczka 等（1998）在研究供应链的战略问题时，认为供应链治理结构依赖于市场竞争的程度。Ragats（1997）研究了供应商的竞争对治理结构的影响。Rindfleisch 和 Heide（1997）将环境的不确定性作为解释变量，研究了供应链治理结构，发现治理结构在动态和静态两种情况下，环境的不确定性解释力明显不同。Larsen（1999）研究了治理结构的流程专用性影响因素。基于国外对供应链治理结构的研究，我国学者吴平（2003）总结了影响治理结构的三要素，即与企业有关的要素、与关系有关的要素和与环境有关的要素。王晓文等（2009）将其归类为企业、环境、交易特点和双方关系四个影响因素。

在产业链治理层面，国外基本没有研究，国内近年来研究的文献也不多见，张雷（2007）对中国汽车产业链纵向关系治理模式进行了研究，认为产业链纵向关系治理也可以被称为产业链纵向安排，它是指同一个产业链中，处于上下游的两个企业之间所存在的一种制度安排。于立宏等（2010）根据纵向结构特点，研究了煤电产业链的价格形成机制，认为应该组建完善的机构，通过控制手段，解决产业链的外部传递机制失效问。费钟琳等（2010）认为，产业链治理应该包括资源配置、提供服务、协调机制等内容。以上学者虽然进行了产业链治理方面的研究，但基本属于一种笼统的观点，没有真正探索到产业链治理的深层，也没有对产业链治理给出一个比较完整的概念框架。

第三节　协同治理及相关研究

协同治理吸纳了协同学和治理理论的核心要素。协同治理研究的是一个整体开放的系统，在这个开放的系统中存在着相互联系、相互影响的各个子系统。在整个社会中，政府、企业、社会组织、公民个人都是这个系统的组成部分，这些组成部分之间有着自身的自主性，在一定条件下，它们之间的相互关系达到一定程度就能产生有序结构，从而实现产生新的功能，也就是我们常说的善治。协同治理是研究涵盖了一定范围的公共、私人机构及个人管理公共事务的全部行动。协同治理是一个动态的过程，在这个过程中，治理体系或者系统的组成要素或者子系统之间的利益和矛盾冲突得到不断调和，从而实现系统从无序到有序的过程。在这一过程中，各种要素通过正式的制度或者非正式的协调等方式和途径被有效地组合在一起，使其实现系统整体的功能。

一、协同治理的相关研究综述

国内对于治理的关注和研究始于世纪之交，从现有文献来看，徐勇的《GOVERNANCE：治理的阐释》一书可能是我国较早的专门研究治理理论的论著。其后，在俞可平、毛寿龙等学者的推动下，治理理论在我国迅速传播，研究成果开始喷涌。研究的重点集中在对西方治理理论评述、政府（地方政府）治理、公共危机治理、治理过程中的公民参与、治理过程中的非营利组织、公共治理中的政府与市场关系、社区治理、网络治理、治理理论的本土化、治理与和谐社会、多中心治理、协同治理等领域。其中，协同治理在近五年来逐渐兴起，开始成为我国治理研究的热点之一，其研究内容涵盖如下几个主要方面。

（一）协同治理的学理性研究

李辉和任晓春（2010）从善治出发，认为协同治理通过资源和要素在主体间的良好匹配，促使政治国家与公民社会的合作关系达成最佳状态，是实现从治理到善治的有效途径。他们在对协同治理概念分析和重新厘清的基础上，指出协同治理主体间的相互合作具有匹配性、一致性、有序性、动态性和有效性的特征，并对善治视野下协同治理理论的价值进行了分析。杨清华（2011）从协同治理与公民参与的关系视角进行了梳理，认为协同治理与公民参与之间存在着逻辑同构，引入协同治理理论，倡导社会各系统的协作参与和多元交互回应及理性的公民参与可以促进社会各系统在公民参与过程中的良性互动，克服公民参与的内在缺陷。欧黎明和朱秦（2009）则从信任关系和平台建构层面对社会协同治理进行了分析，指出信任是社会资本的重要组成部分，协同治理的支撑是社会的信任关系，只有在协同者之间产生安全感和确定感，协作意愿才能达成，这是协同治理的保证。而信任关系的建立，关键在于信息互通和利益趋同，这是信任的媒介。在我国，协同治理的主要障碍在于政府组织协同治理的观念不够深入，缺乏对治理主体成长成熟的关注和重视，忽视了治理机制本身的融合和协同。陈第华（2009）认为，协同治理是乡村治理的新思路，是对农村单中心治理绩效低下的有效弥补。社会资本与协同治理存在着内在的契合，乡村协同治理需要各主体间的信任与合作，有赖于社会资本所提供的信任与合作的网络，社会资本的正负效应对乡村协同治理的绩效具有极为显著的影响。因此，在乡村协同治理过程中，要关注社会资本这个变量，注重新型社会资本的培育。何水（2013）则指出，协同治理能够实现对社会公共事务"整体大于部分之和"的功效，因而是处理社会公共事务的理想模式，而充分发育的社会资本则是协同治理得以实现的基础性条件。转型期中国的社会资本存在着"二元并存、发育不良、分布不均"的状况，对协同治理的实现产生了严重制约。因此，中国公共治理结构转型的推进与协同治理的实现，必须有赖于中国社会资本的重构。

（二）协同治理视角下的公共管理改革与政府转型研究

郑巧和肖文涛（2008）认为，服务型政府是一种全新的行政理念和政府管理模式，蕴含着公民本位、公平正义、公共服务、公共责任等价值诉求。他们认为，协同治理作为服务型政府治理模式的合理性，在于它能最大限度地维护和增进公共行政的目的——公共利益。在我国，要实现服务型政府协同治理的转型，必须注重社会治理资源的优化、社会管理体制的创新、社会良性资本的创造与基层民主政治的发展。朱纪华（2010）认为，在新的历史时期，由于我国单一公共管理主体范式"失灵"、传统公共管理范式与时代的不适应，以及构建和谐社会和服务型政府的客观需要等原因，政府协同治理的范式创新成为必然。这就有必要增进政府与第三部门、私人部门的合作，加快多元化管理主体的培育，转变政府职能，完善协同参与的机制，建立起政府、市场、第三部门三维框架下的多中心协同治理体制，以实现更为良好的社会治理。杨清华（2011）认为，在当下中国，政府中心引起的治理失效、社会与政治问题的凸显，要求政府对治理方式必须进行适时的变革，而技术革新则起了推动作用。从协同治理的理论、体制、人员、实践维度等可以发现，协同治理为解决当前诸多的社会问题提供了强大的理论支撑和实践资源，因此，协同治理无疑将成为我国治道变革的一种战略选择。郑恒峰（2009）基于协同治理视野，对我国政府公共服务供给机制创新进行了分析。他认为，我国政府公共服务供给机制存在着诸如社会公共服务呈全方位膨胀趋势，政府独家垄断公共服务的供给，社会组织负担过重、发育不健全，行业竞争能力弱等问题。应当以协同治理为理论支撑，强化公共服务导向的协同治理理念、引入市场竞争机制的协同治理方式、培育社会自治力量的协同治理组织、确立政府与社会的良性互动的协同治理体系。孙发锋（2010）通过对我国政府垂直管理部门与地方政府的关系问题分析，提出了从分割治理走向协同治理的调整取向。他认为，目前我国垂直管理部门与地方政府关系的失范主要表现在权力摩擦、各自为政、权责不清、人事壁垒、财政纠纷等方面。因此，应构建垂直管理部门与地方政府间的良性互动关系，如建立议事协调机构、构建争议的法律解决机制、完善干部交流机制、建立信息共享机制等，使垂直管理部门与地方政府之间实现对社会公共事务的协同治理。

（三）协同治理下的危机管理研究

这一研究主题在协同治理研究中占有较大的比重。例如，何水（2013）认为，经济全球化浪潮下，对于处于危机频发期的转型中国来说，如何有效治理危机极为重要。从当前中国危机管理的现状来看，面临着理论和实践的难题与困境，究其根本，则在于理论和实践均陷入了"国家或政府中心论"的窠臼而不能自已。要走出困境，必须跳出"国家或政府中心论"，以现代协同学理论与治理理论为指导，实现传统危机治理范式的革新，实现政府危机管理向危机协同治理的转变。明燕飞和卿艳艳（2010）对公共危机协同治理下的政府与媒体关系的构建进行了探讨，认为我国目前已经进入了公共危机频发时期，但从整体上来看，政府单独应对公共危机的能力并不充分，因此，构建一个在政府主导下，由第三部门、媒体、企业和公民多元参与的公共危机协同治理框架已经成为一种必然趋势。作为公共危机过程中公众心中的两大权威——政府与媒体，从理念、实践和法制三个维度构建起公共危机的协同治理关系，有利于公共危机的化解。何吉多和田杰（2008）则对公共危机协同治理中的社会资本作了初步的探讨，认为加强公共危机治理，维护社会稳定对构建社会主义和谐社会至关重要。他们从正反两个层面分析了社会资本对公共危机的影响，指出恶性社会资本是公共危机产生的重要原因之一，而良性社会资本却在公共危机协同治理的过程中发挥着重要的作用。因此，恶性社会资本的抑制、良性社会资本的提升、公共危机协同管理体系的构建、公民的志愿精神的培育、民间组织及公民社团的作用的发挥是化解公共危机的有效途径。沙勇忠和解志元（2010）认为，由于公共危机的不确定性，要求危机的预防和处置必须引入和调动更广泛的社会力量和社会资源，以进行公共危机的协同治理。他们从公共危机协同治理的内涵与特点出发，对公共危机协同治理的价值取向、结构机制、方法手段进行了阐述，对公共危机协同治理过程中的政府之间、政府与公民社会之间，以及公民社会之间的协同合作进行了分析，指出树立协同治理理念、建立协同治理结构、塑造协同治理机制、培育社会资本是构建我国公共危机协同治理的主要路径。康伟（2008）指出，公共危机协同治理是指在网络技术、IT 的支持下，以政府为核心，包括非政府组织（non-government organizations，NGO）、企业、公民个人等社会多元要素参与合作，针对潜在的或者出现的危机，协同实施系列性的危机预防与控制活动，把处于混沌无序的危机状态系统中的各种要素转变为具有一定规则和秩序的、相互协同的自组织状态，以期最大限度地减少危机损失并增进公共利益。现阶段，我国公共危机协同治理的主要路径包括常规化、制度化的协同机制的完善、组织的权力与职能的合理界定、各参与主体的意识与能力的培养和提升、网络技术支持下的信息共享和主动协同的实现。陆远权和牟小琴（2010）在深入分析我国当前公共危机治理的现状及困境的基础上，提出基于当前国际国内的背景，公共危机治理应当培育民间组织，壮大非政府组织力量，构建起协同治理的组织体系；应当强化协同治理的"软硬件"设施建设，完善公共危机预警体系、应当建立公共危机治理的国家之间、中央与地方之间、政府与公民社会组织之间的多方位合作机制，从而提高协同治理效率。张立荣和冷向明（2008）认为，我国公共危机管理体系已初具雏形，但整体的协同效应尚不充分，主要表现在危机管理主体过于单一，社会力量的参与不足、条块分割严重，整体联动困难、制度设计粗放、形式主义严重。他们在对协同学与我国公共危机管理契合性分析的基础上，对公共危机治理的概念与特征进行了界定和揭示，对公共危机协同治理的结构与层次进行了剖析，从完善协同治理的法规制度、优化协同治理的权责体系、加强协同治理的资源保障、搭建协同治理的信息平台、培育协同治理的社会资本等方面，探究了构建公共危机协同治理机制的路径。高洁利用协同治理理论对城市突发事件进行了分析，认为在现代城市社会充满着风险，以协同治理理论探讨城市突发事件问题是当今城市治理理论界和实践界所共同面临的重要课题。适时引入协同治理的理论和其颇具特色的操作模式，为城市突发事件应急管理提供新的思路，这是积极创新城市应急管理组织模式、提高城市应急管理效能的迫切要求。

（四）协同治理视角下的非营利（社会）组织相关研究

在这一研究领域中，有部分学者将协同治理作为非营利组织发展的新的治理之道。例如，张洪武（2006）认为，在转型期中国非营利组织的发展过程中，存在着资金不足、人才缺乏、贪污腐败和越轨营利等治理缺陷，这些缺陷需要通过政府的秩序塑造、非营利组织的自主治理和其他利益相关者的积极参与来弥补，将多个治理主体纳入非营利组织的治理共同体之中，以实现独立部门、公民个人、舆论界，以及党组织等利益相关者对非营利组织的多中心协同治理，促进非营利组织的发展。李薇和姜锡明（2006）从非营利组织的委托代理关系、非营利组织的组织治理与财务治理等视角分析了协同治理与非营利组织绩效评估间的关系，并就协同治理下的非营利组织的绩效评估体系框架和实施程序作了探讨。李伟（2011）认为，社会中介组织在协同治理过程中具有参与功能、监督功能和中介功能，基于我国社会中介组织的特殊性质，培育和完善我国的社会中介组织应当走"政府主导下的官民互动合作"的协同治理之路。有一些学者则对协同治理视野下的非营利组织与政府关系进行了研究。例如，李莉和陈杰峰（2009）认为，公募基金会的产生对政府体制变革具有推进政府职能转换，实现公共物品的政府替代、发挥资源优势，实现双向治理、对政府行为形成制约力和影响力，促进政策发展等意义。但公募基金会与政府之间也存在着现实博弈，要使两者实现良好的协同治理，需要明确相互之间的责任范围与权力限度。地方政府与非营利组织的良性合作是一种动态关系，是建立在双方之间的一致性目标基础上的。两者之间的合作关系以各自的组织身份和相互依赖性为重要因素。从政府层面来看，应当加强法制建设，对非营利组织进行合理定位、有效监督和大力扶持；从非营利组织层面来看，应当增强自主意识，提高自主能力，促进筹资渠道的多元化，并加强内部治理机制的建设，增强公信力；从公民个体层面来看，公民要培养自身的参与热情、志愿精神和互助品质。此外，徐祖荣（2011）认为，协同治理中的社会组织参与社会管理创新具有逻辑必然。推动社会组织积极参与社会管理实践，建立协同治理的基本框架，在构建策略上必须提高社会组织的社会政治地位，为其顺利进入社会管理领域营造良好的环境，要夯实社会组织的社会基础和社会空间，提升社会组织自身的管理能力和水平。

从总体上来看，我国协同治理研究尽管已经取得了一些成果，但由于研究起步较晚，研究者的研究视角相对狭窄，研究的深度依然不足。突出表现在以下四个方面。第一，当协同治理作为一个新的概念被运用，首要的是必须对其特定的内涵进行必要的界定，以明确其与其他类似概念的区分，彰显其特有的理论适用性。已有的研究尽管也有试图对协同治理进行概念性的规范，提出协同治理是协同理论与治理理论的结合，遗憾的是，几乎所有的概念阐述都未能突破"治理"的概念框架，有的甚至直接以国内外学者对"治理"的界定来描述"协同治理"，这就使得协同治理的研究只能止步于治理研究的层面，协同治理的"协同"性成为被丢失的环节。第二，尽管研究者们普遍承认协同治理的主体无疑包含政府、市场、非营利性的社会组织和公民个体，但对协同治理过程中主体间的相互关系的研究显得较为薄弱，未能充分揭示协同治理过程中各主体间相互关系的实然状态与应然图景，尤其是对主体间良性互动关系的达成所应当具备的条件、需要着重解决的问题及可供选择的有效路径等语焉不详。第三，协同治理的本土化创新有待加强。作为移植性的理论，协同治理发端于西方，植根于西方的理论谱系和实践基础，在中国的语境中，协同治理应当而且一定有其特殊性的表达。在中国特定的政治制度、社会发展和文化传统的背景下，协同治理理论该做怎样的修正，又该如何将协同治理理论与中国实际进行有效的对接，并产生其应有的指导意义，是理论研究不可忽视的重要问题。第四，协同治理在我国公共政策过程中的作用研究有待深入。治理的过程与公共政策的过程在本质上具有高度一致性，协同治理强调的多元主体间互动与合作的理念，同样适用于公共政策的过程。我国公共政策效能低下的一个重要原因就在于政策过程过分依赖政府的单中心推进，企业、非营利性社会组织和公民的政策积极性未能得到充分调动和发挥。应深入研究在政策议程的设定、政策方案的选择、政策的执行和评估等公共政策各个环节中，如何在协同治理理论的导引下使公共政策相关主体达成政策共识，提升政策的科学性、政策的执行力和政策效能具有极为重要的理论和现实意义。

二、协同治理的价值

协同治理所推行的调控方式使政府的地位和传统角色发生了根本的变革：政府成为一个整体的一部分，一个体系的组成部分，其决策权的行使以便利和观察社会活动为归依。在现代社会中，协同治理能够充分发挥政府、民间组织、企业、公民个人等社会组织和行为者各自资源、知识、技术等的优势，实现对社会公共事务"整体大于部分之和"的治理功效，因而是治理社会公共事务的理想模式。"社会采取协同治理模式，使得各种要素通过某种途径和手段有机地组合在一起，其所发挥的整体功能总和大于各子系统单独的、彼此分开时所发挥功能的代数和。"如今，协同治理理念已获得普遍认同，它在现实政治实践中具有超越既有政治模式的意义。协同治理实施的过程是提高公民民主素质和参政能力的过程。公民的民主素质归根结底是一种实践能力，这种能力需要在亲身参与政治活动的过程中得到不断培养和提高。在协同治理过程中，参与者将在各种相互冲突的利益中受程序性规则的引导而趋从于公共利益，而不只是关注自身利益。同时，参与者对公共利益保持着强烈的敏感性，愿意为了公共利益而适度牺牲个人利益。他们互相理解，尊重他人的需求和道德利益，愿意为公共利益而协调自我利益和集体利益，并且增强了责任感，公共利益导向能够引导公民实现多元冲突、分歧基础上的一致。公民的民主素质也由此得到提高。同理，公民参政能力的提高，在很大程度上依赖于协同治理的实施。

在协同治理的实施过程中，公民能够通过各种途径自由、畅通地表达自己对价值分配和公共利益的意愿和选择，尊重他人的意见，并向政府当局产生某种影响。这样，"可以在国家和社会之间稳妥地矫正政府的行动与公民的意愿和选择之间的矛盾"，从而介入政府的政治过程。协同能够在公民与公民之间，公民与企业、与民间组织、与政府，乃至与整个社会系统之间建立密切的联系；能够创造条件让公民有平等的表达机会与发言权；能够有效地维护公民个人及整个社会系统的共同利益。这样，人们便能逐步掌握现代政治生活的技能，提高自身的政治参与能力。

协同治理的价值理性有助于决策在实践中更为有效地付诸实施。协同治理不是政治实体，而是一个组织和连接社会结构的系统。它拒绝等级观念，要求参与者之间的平等。通过公开的对话、交流和协商，各种社会团体之间将能维持一种深层次的相互理解，从而成为社会信任的基础，以建立持续性的合作行为。决策时，协同治理可包容存在差异的种族、文化团体，平等、公正地对待社会的异质性，以确保制定公共政策时注重社会公平，维护社会正义。从协同治理的角度看，决策权不应为某个人或某个团体所霸占，而应当属于所有社会活动的参与者。他们之间的关系是平等的合作伙伴，合作的领域可以是一个企业、一个组织、一个国家，或者是一个需要解决的公共问题。在做出决策时，社会各团体之间无法达成共识，但又不能强迫别人接受自己的价值信念，因而会很无奈地接受一些条件。这是因为，各方都认为通过法律、信息交流和道德劝说形成的原则具有一定的合理性，而不只是一种妥协。在现代社会，民主选择、多数决定是政权合法性的唯一来源。正如登哈特（2003）所言："道德的敏感度与令人满意的产出和工人的满意度相关。"具有这一特性的协同治理在有效制定和实施政策中的实践价值则很明显：它有助于制定高质量的公共政策，不存在政府随意运用特权发布命令、强制让对方服从的情况，因而有助于这些政策的落实。否则，如果政府只是一厢情愿地决策，公民会觉得他们没有受到公正的对待，他们的意见没有得到应有的尊重，即使出台再好的政策措施，他们也会加以消极对待，甚至抵制。

协同治理的工具理性有助于实现社会发展的持久效率。协同治理的空间是一个广阔的活动场所，它要求所有的参与者都按既定规则办事，使每个人的行为高度透明，具有可预见性。在这个场所里，公民可更经常、更广泛地对公共事务发表意见。广播、电视、手机和互联网等通信手段的普及为协同治理提供了操作工具，电子民意测验已推而广之，公民的参与更直接、更具效率。菲利浦·施米特认为，协同治理是一系列广泛的问题和冲突的调节方法或机制，通过这一方法或机制，参与者按谈判与合作的规则做出既能使各方满意，又对各方有约束力的决定。经由广泛、充分的"谈判与合作"达成的共识会比其他决策具有更强的政策连贯性。一个国家要维持其秩序和发展，需要稳定而正确的政策。对于一个稳定的社会来说，采用协同治理的方式，做出明智的决策并保持政策连续性以求得社会稳定，要比快速做出缺乏共识的决策更为重要与正确。经由公民多元主体间信息的相互吸纳和行为相互影响而制定的决策一旦形成之后，具有相当的稳定性，有利于社会发展的持久效率。美国学者利普哈特把世界各国的民主制度分为"多数民主"和"共识民主"。根据对 36 个国家的政府形式和政府绩效的实证研究，他得出的结论是：共识民主国家的绩效远胜于"多数民主"国家。对于那些正在着手设计本国第一个民主体制的国家或者正打算推动民主改革的国家来说，选择"共识民主"模式的吸引力更大些，特别是对于大型国家，具有明显的优越性。

协同治理的多样性实践恰好能够说明其作为民主趋向的价值。协同治理的概念一经提出，立即出现了一种"为我所用"的倾向。欧美企业界、世界银行、国际货币基金组织和经济合作与发展组织（Organization for Economic Co-operation and Development，OECD）、欧洲联盟，以及世界公民社会的众多非政府组织都结合自身的实际，对协同治理自行定义。当今，至少有两个变化来源于协同治理："国营和私营部门互相渗透"（例如，国营事业寻求私人赞助，私营领域出现的"公民企业"潮），以及"公益的重新定义"越来越民主化（何为公益需经有关方面共同协商）。这些变化被视为协同治理的不同结晶。在国际上，如何建立一个多极权力体系，又不使多样性导致混乱无序是协同治理要处理的难题。甚至有人认为，欧洲联盟是协同治理的实验室。"欧洲联邦究竟是一个超前但并非不能实现的理想，还是一个不切实际的乌托邦。这个问题有待协同治理在未来的实践做出回答。"在中国的政治实践中，协同治理的实践也表现出多样性的特征。例如，公共危机治理及农村公共产品的多渠道的供给，可以说是协同治理的成功之举。另外，就立法和决策所举行的听证会、恳谈会、议事会等协商机制已经在许多区域成功运作，并取得相当的成效，甚至已经发展成为制度化安排。鼓励并扩大公民参与、听取各种不同意见、保护弱势群体、尊重理性、实现多元分歧基础上的一致，越来越多地成为各地基层政治实践的选择。

从根本上看，协同治理之所以成为一个时髦的术语，是因为它能消除隔阂，实现共同的长远利益。只要社会各团体之间存在长期合作的必要，那么，人们对协议的遵守也就有了坚实的保障。而协同治理正是起到了一种公共利益协同增效的作用。它力求通过不断协商与沟通，消除理性人之间的隔阂与对立，使人们对彼此之间的长期合作有一个良好的预期，从而促成人们努力达成并遵守共识协议，以期在合作中实现自己的长远利益。

三、协同治理的特征

协同治理是协同学与治理理论的有效结合，它有着独特的内涵，因而也有着其自己独有的特征，主要可以被概括为以下几个方面。

（一）差异性与整体性

从协同学的角度来看，协同治理是发生在一定的系统范围之内的，而存在不同层次的系统的层次之间也存在着协同的作用。然而，协同治理并不是要求否定各个子系统或者元素的个性，而是在尊重差异性的基础上实现整体的功能。在协同治理实现的过程中，各个主体独立自主地运行，正如政府、企业、社会组织、公民个人，他们都有自己本身的特性，但是它们之间在整个系统中是相互联系、相互影响的。在共同的作用下，组成新的结构，从而实现整体的结构和功能，完成整体的目标。

（二）参与主体的多元性

从其内涵上来讲，协同治理要求治理主体的多元性，无论是从协同学理论还是治理理论的角度出发，政府都不再是唯一的主体，政府只是整个治理体系中的一部分，政府需要加强与企业、非政府组织及社会公众的沟通、协作。企业、公民个人、利益集团及第三部门作为整个社会的构成部分，都有权参与公共事务的治理、表达各自的利益需求。

（三）治理系统的开放性

协同治理的有效性有赖于治理过程中参与主体的多元性，参与主体多元性的达成则有赖于治理系统及其过程的开放性。只有在开放的状态下，才能为社会组织、经济组织和社会公众共同参与管理公共事务提供可能，也只有在开放的状态下，政府、社会组织、经济组织和社会公众间物质、能量、信息、技术及人才的交换才能不断进行，平等的协商、谈判、妥协、通力协作和共同行动才能得以实现，整体与局部同步走向最佳、结构的有序和功能的强化才能充分显现。

（四）治理过程的动态性

社会是一个处于迅速变化的过程中的复杂的系统，各种公共事务日趋复杂和多样化，治理主体之间应该加强协作和沟通配合，形成多元互动、多方协作的运作模式。协同治理的过程是动态的，而不是静止不变的。这种动态性集中表现在协同治理过程中的参与主体及其关系的动态性、治理对象的动态性、阶段性目标的动态性、行动重点的动态性、资源及其交换的动态性、规则与流程的动态性等。

（五）治理权威的多样性

公共事务治理的权威不必一定是政府机构，其他社会治理主体也可以参与管理并发挥其作用，体现其在某些领域的权威性。在整个治理体系中，需要企业等其他组织发挥其作用，就必须使其有一定的话语权，从而能够保证实现整个治理系统中相对平衡的状态，只有这样，才能保证整个系统的有序化进程。

（六）治理的自组织性

协同治理的自组织性主要是指，政府、企业、社会组织、公民个人等行动者之间自发地、自动地产生协同作用，而不是强制地产生协同作用，通过行动者之间不断的信息交流和反馈达成一定的共识，从而实现整体目标。

第四节　产业链协同治理的机理及机制分析

一、产业链协同治理的机理分析

产业链的节点不同，产业链与节点企业的关联度也不同。因此，产业链协同管理时要选择特定连接的协作层次。在整个产业链中，并不是所有节点间企业的协同度都很高，而是随着具体环境的变化而变化的。

（一）识别节点间企业成员

识别产业链节点企业成员是确定产业链网络结构最关键的一环。但对所有成员全盘考虑又会造成产业链网络复杂化、引起混乱，因此，有必要对成员企业分类，并根据其对产业链协同运作的作用大小，给予适当的关注和资源分配。

产业链网络结构是由核心企业与节点企业相连而组成的，这些节点企业也与其供应商或客户直接或间接相连。为了使复杂网络易于管理，有必要将基本节点企业与支持节点企业分开。基本节点企业是指专门为顾客或市场提供特定的输出业务流程中的所有能进行价值增值活动的企业或单元。支持节点是那些提供资源、知识及设施的供应链中的其他节点。从供应链来看，基本节点与支持节点区别并不大，但却可以明确供应链的核心节点企业。

（二）核心企业的确定

前人在描述、分析和管理供应链时，已经明确指出了产业链有三种网络结构：水平结构（层次数目）、垂直结构（节点数目）和整个产业链范围内核心企业的水平位置。从另一个角度来看，这三种网络结构可以被看作产业链网络结构的三个维度，如图9.1所示。

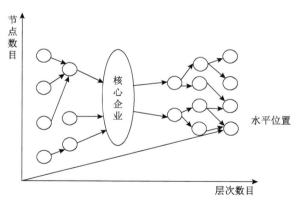

图9.1　供应链网络结构维度

（1）维度一：可以将产业链节点间的水平结构看作供应链范围内的层次数目。产业链层次数目由供应链的长短决定。

（2）维度二：可以将产业链节点间的垂直结构看作每一层的供应商或顾客

的数目（节点数目）。一个节点企业可以有很窄的垂直结构、很多的供应商或顾客。

（3）维度三：产业链范围内核心企业的水平位置。

从这三个维度来看，将核心企业一般定位在供应源、终端顾客或终端节点间的某个位置上。

（三）以核心企业为中心的供应组织结构类型

一般来说，供应链中的核心企业既要有能长期控制供应链运作的关键性业务能力、创造特殊价值，又要有协调整个供应链节点企业（供应商、制造商、分销商、最终客户）之间关系的能力。核心企业要将供应链作为一个不可分割的整体，进行统一的协调管理，就必须成为供应链的信息中心、管控中心和物流中心。因此，供应链组织结构必须围绕核心企业来构建。从供应链管理经验来看，作为一个核心企业，其角色定位主要由其所提供的功能来确定。核心企业要么为其他企业提供产品/服务，要么接受他们的产品/服务，要么就是在供应商与客户之间起连接作用。由此，以核心企业为中心建立的供应链组织结构有以下几种。

（1）核心企业作为产品/服务接受者的组织结构。

（2）核心企业作为产品/服务提供者的组织结构。

（3）核心企业同时作为产品/服务的提供者与接受者的组织结构。

（4）核心企业作为连接组织的组织结构。

由于每一个节点企业都在供应链的管理中，都将自己看作核心企业，并对供应链上其他节点企业或组织结构有不同的看法，从表面上来看，供应链的目标似乎与每个节点企业的目标相矛盾，但是每一个企业都是供应链上的一员，理解其在供应链中的地位关系和供应链前景就显得甚为重要，只有每个企业都清楚供应链的前景，才有可能实现供应链的整体目标，实现跨组织边界的协同和优化管理。

（四）组织协同的运作机理

企业作为一种组织客体，必须不断调整自身结构，以适应环境变化的需要。企业为实现其经营目标所具有的一系列功能，以及为完成这些基本职能需要进行的一系列活动，都可以用一系列的业务流程来阐述，因此，为了能够有效地对上述活动进行协调与控制，就引出了对企业的组织结构进行调整与整合的问题，即组织协同问题。

从供应链组织结构来看，要管理整个供应链所有节点企业的业务流程是不现实的，按节点企业所在供应链的地位，对不同的业务流程进行资源整合与优化就显得至关重要。全球供应链论坛（Global Supply Chain Forum，GSCF）成员认为，供应链的核心流程主要包括：客户关系管理、客户服务管理、需求管理、订货管理、制造流管理、采购管理、产品开发及商品化管理、信息反馈。

由于资源分布在供应链组织的不同层次、不同业务流程当中，所以协同就是对分散将业务流程中的资源进行整合与再分配。目前，人们所谈论的协同大都源自供应链的核心业务流程，如营销协同、采购协同、生产协同等。但从组织流程的角度来看，组织流程几乎涵盖了所有的核心业务流程的内容，因此，可以把基于业务流程的各类协同（营销协同、采购协同、生产协同等）看作组织协同的一个方面，但是组织协同并不是那些业务流程协同的简单相加，其协同效果与协同水平是随着核心企业对供应链的影响来决定的。组织协同是供应链协同中最高级别的协同，是协同发展的终极目标。

二、产业链协同治理的机制分析

通过对节点间企业组织协同要素的分析与归纳，我们确定了组织协同的内容。但我们发现，相对于每一个组织协同内容的实现，都应该建立一个相应的机制来加以约束。又由于本书中的研究探讨的是已经形成了伙伴关系的节点间企业的组织协同，在这里可以认为，其对利益的分配已经达成了共识，所以，供应链节点间企业组织的协同机制是由三个部分组成的——信任机制、整合机制、知识共享机制。

（一）信任机制

信任机制来源于节点间企业的文化协同。节点间企业通过战略、制度、标准的协调与整合，来加深双方的认同感与安全感，并借以规范、协调各自的企业行为。同时，双方的相互认同也使得在今后的工作中合作便利，有利于减少分歧，做出一致决策。信任机制是节点间企业相互合作的前提，是组织协同机制的基础。

（二）整合机制

整合机制来源于节点间企业的业务协同。由于资源的稀缺性与有效性，资源的整合是必然的。对系统功能与业务流程的整合，可重新优化配置资源，提高协同效率，发挥协同优势。资源整合，是企业战略调整的手段。整合优化资源配置，要有进有退、有取有舍，以获得整体的最优。供应链节点间企业对不同来源、不同层次、不同结构、不同内容的资源进行识别与选择、汲取与配置、激活和有机融合，使其具有较强的柔性、条理性、系统性和价值性，并创造出新的资源，这是一个复杂的动态过程。

（三）知识共享机制

知识共享机制来源于知识协同。知识共享可提高企业间知识的相容性、互补性，并提高供应链的竞争力。

第十章　枸杞产业链制度信任治理

第一节　制　度　信　任

一、制度和信任的含义

　　制度是人类在社会交往过程中形成的一切社会交往行为模式，包括支配与约束人们社会交往行为的定型化、非定型化的规则与规范，是一种规则与规范体系。它包括两种制度类型，即内在制度和外在制度，内在制度主要是从人们的习惯、习俗、道德规范上来进行行为约束；而外在制度则是从外部对行动者的行为进行约束，多在法律法规、规章、规定中体现。

　　信任是社会交往主体对于对方能做出符合制度规则的行为的一种期望，包含了以下几个显著特征：一是时间差，这是指对于合作者而言，承诺和约定是在先的，行动和兑现是在后的，言和行之间不可避免地存在着时间间隔，这种时间间隔在一定程度上导致了风险性，也就产生了能否信任的问题；二是不确定性，这正是由于时间差而引发的，因为人类的所有行为总是在意愿产生之后的未来发生的，从约定产生到结果出现这段时间里，会有主观或者客观的因素干扰行动者，所以约定能否实现存在着很大的不确定性；三是社会性，由于信任不是一种单纯的个人现象和行为，而是在社会中与他人的互动中产生的，所以这是一种社会行为和现象；四是主观愿望性，因为在信任者和被信任者之间并没有十分充足的理由和证据来证明另一方是完全可以信任的，所以在某种程度上，信任是带有主观色彩的，是信任者给予被信任者未来行为的一种主观预期。基于制度的分类，即外在制度和内在制度，信任则可以被分为"内在制度型"信任和"外在制度型"信任。

二、制度和信任的关系

　　从人类发展的历史来看，人类在适应与改造自然和社会的过程中，为了应对自然和社会的不确定性与风险而创设制度，制度降低或减少了事实上的不确定性与风险。制度造成了一种事实上的稳定的"客观秩序"，这种客观秩序是由可预见的、确定性的行为所构成的，这种稳定的"客观秩序"使人们产生了一种心理期待，这种心理期待就是信任。

　　郑也夫（2006）在《信任论》中这样论述了制度、信任、秩序的关系，他认为，社会秩序有强制、互惠和习俗三个来源。这三个来源造就了三种社会秩序的类型，即强制性社会秩序、互惠性社会秩序和习俗性社会秩序。从郑也夫（2006）对强制、互惠、习俗这三种来源的界定我们可以发现，其中的强制性社会秩序和习俗性社会秩序其实就是一种外在制度型的社会秩序和内在制度型的社会秩序，那么由此可知，制度（包括内在制度和外在制度）就是秩序的基础。关于信任和秩序之间的关系，他认为，信任是建立社会秩序的主要工具之一，以信任为基础建立起来的社会秩序是一种信任性的社会秩序，即"有信任、有秩序"，这种"有信任、有秩序"的逻辑关系的组合就可形成一个自由繁荣的社会。

信任和秩序之间存在着相互促进和互动。根据前面的论述，稳定的秩序产生了心理期望，即信任，当信任形成以后，这种心理期望满足了心理上的安全需要，使人们获得了安全感，造成了一种心理上的秩序，使一个人的行为具有更大的确定性，那么实际上也就形成了一种秩序。毫无疑问，稳定良好的秩序对制度的实施具有强大的影响。

信任产生之后，对于制度的作用也是相当大的。因为不管是内在制度还是外在制度，本身都存在着一定的缺陷，信任对人类行为的约束可以弥补制度的缺陷。例如，内在制度的内在监督的不确定性会导致"道德风险"；外在制度的外在监督是有成本的，包括立法成本、实施成本和由赏罚带来的费用，执行监督的机构和人员可能行使超越被委托的权力，从而对规范目标行动者产生损害，单纯的外在监督不能有效地防止"机会主义行为"等。信任实际上已被提升为一种制度，一种道德规范一样的内在制度。然而，信任本身也具有风险，信任的这种风险性，或产生于信任本身的脆弱性，因为信任是一种内在的心理期望；或产生于信任的未来性，因为信任是指向未来的，具有延时性；或产生于信息的不对称。如何来降低信任的风险呢？最终还得靠制度——制度设计、安排与保障等。

由此可见，制度和信任两者之间是相互依赖、相互促进的互动关系，秩序是两者互动过程中不可缺少的一部分。制度是秩序和信任的基础，信任和秩序互为前提，制度塑造和维持着信任，良好的信任机制又对制度起着弥补和促进作用。制度是约束和支配社会交往主体的交往行为的规范体系、规则；社会信任则是交往主体对于对方能做出符合制度规则的期望。因此，社会信任是以对制度的相信为前提的。而对于制度的认同、相信，主要来自对于制度的需求、对制度本身的有效性的认识等。

第二节　企业制度的建立

制度对经济发展和组织效率提升的意义不言而喻。诺思在《西方世界的兴起》中宣扬的最主要的观点就是西方经济的发展最主要就是得益于制度的变迁。他这里讲的"制度"，不仅包括国体、政体在内的"大制度"，也包括了商业机制、企业制度、信用制度在内的"小制度"；不仅包括了各种由长期习惯而形成的明文规则等正式制度，也包括了社会风俗、文化等隐性的非正式制度。制度对于区域经济的发展居功至伟，而对于个体组织，如企业的执行力、严谨制度的创立也是不可或缺的重要要素。

一般来说，管理制度是企业一系列成文、不成文的规则，或者说它是企业贴上个性标签的关于经营管理的不同"打法"。

制度不仅规范企业中人的行为，为人的行为划出一个合理的受约束的圈，同时，也保障和鼓励人在这个圈子里自由地活动。或者更通俗地说，制度是一种标签或符号，它将企业中人的行为区分为"符合企业利益的行为"和"不符合企业利益的行为"。企业的管理者和决策者可以据此采取奖勤罚懒的措施，褒奖"合乎企业利益的行为"，惩罚"不合乎企业利益的行为"，从而有效地刺激企业中的人约束自己，以提高组织执行的效率。而在这样的奖罚中，企业的各项规章制度也得以推行和巩固。

企业推行一种规章制度的诱因在于企业期望获得最大的潜在利润，而最直接的原因则在于提高组织的协调性和管理的有效性。从某种意义上来讲，企业创立、创新一种制度是企业自身组织的一种形式，目的是协调企业内各部门之间协作效果和企业与外部衔接的有效性，用新制度学派的观点来看，就是为了追求"收益递增"和克服交易费用过高等市场不完备的问题。

企业家的执行能力是人治，而制度性执行能力是"法制"。人治的企业家能力通常是用"能人"，背后的哲学思想是"疑人不用，用人不疑"。而制度性执行能力背后的哲学思想是：人是一定要犯错的，所以用人就一定要疑，要建立一套制度来规范和约束人们的行为。

随着企业的发展、企业规模的不断扩大，企业领导人再用类似车间主任管理车间的那种方式来管理企业已经彻底行不通了，要在管理模式和管理机制上下功夫，要夯实制度管理的基础。企业领导人做企业，信誉是第一位的，但只有信誉是不够的，要有一定的制度保障才行。因为员工需要一个更加开放、透明的管理制度，需要建立一个顺畅的内部沟通渠道，更重要的是形成规范的、有章可循的"以制度管人，而非人管人"的管理制度，增加内部管理的公平性。在企业持续发展阶段，缺少"人本管理"并不可怕，缺少行之有效、人人平等、贯彻始终的制度管理才是可怕的，它会导致管理流程混乱。

因此，企业只有通过严格的制度管理，打破"人管人"的旧框架，实行"制度管人"的管理方式，才能将管理职能化、制度化，明确管理者的责、权、利，从而避免"多头领导"，提高管理效率和管理执行力。

第三节 以制度建立信任

经济学家阿罗（2010）认为，信任是经济交换有效的润滑剂，他说："世界上很多经济落后可以通过缺少相互信任来解释。"经济学家赫希曼（1992）认为，信任是很多经济交易中所必需的公共品德（public good）。这些无疑是由经济学家为主体的理性选择学派的思想。经济发展史表明，在本来不认识的人之间建立相互之间的信任关系是交易范围扩大和经济发展的关键，而制度是建立和维持人们之间信任的关键。如果制度安排能使当事人履行契约比不履行契约更有利可图，使得人们有积极性为了交易带来的长远利益而抵挡短期的机会主义行为的诱惑，人们之间的信任就可以建立起来了。从这种意义上来讲，信任也可以是一个制度问题，要维持交易所必需的信任，制度就必须具有明确性、一致性，必须对违反制度的行为进行必要的惩罚。

市场经济是以交易为主要特征的经济形态。在市场经济条件下，经济活动主体之间纷繁复杂的经济关系，大致上都可以归结为交易关系。交易的发生，要满足两个前提条件，一是交易能给双方带来总收益的增加，二是当事人对交易伙伴等交易相关的对象具有一定程度的信任。这两个条件都是交易发生的必要条件，缺一不可。但传统的经济学分析，往往只研究前一条件对交易的影响，而对后一条件视而不见或者简单地将其忽略掉。我们必须重视的是，主体间交易关系的建立依赖于双方信任关系的建立，即便是在最简单的现货交易中也必然存在一定程度的信任，对于跨时期交易和复杂的交易来说，则更需建立在坚实的信任基础之上。可以说，没有信任，就没有交易，也就没有市场经济。Parkhe（2000）认为，由于中国市场的信任程度较低，尽管中国市场容量巨大，但中国市场的吸引力在不断下降。所以，研究信任问题在我国具有特别重要的意义。对于信任问题的研究，必将为我国整顿和规范市场经济秩序、建立市场信用体系的实践提供必要的理论基础。

总体上来说，交易主体基于两种因素做出信任对方的决策。第一种因素是基于自己对交易伙伴的了解。在通过各种途径获得其交易伙伴有符合要求的交易能力和良好的交易意图等信息后，交易主体会做出信任对方的决策。基于这种因素做出信任决策往往要求交易主体必须获取足够的信息，因此，交易信任的对象往往是亲戚、朋友、熟人等。但是，在现代"匿名社会"中，交易主体对潜在交易伙伴的了解是非常有限的，如果仅基于这种因素做出信任决策，交易的范围将非常有限，大量有利可图的交易不能实现，因此，在现代市场经济条件下，大量的信任决策基于第二种因素，即基于对第三方信任的转移。当交易主体对第三方有着充分的信任，并且由于种种原因，这种对第三方的信任可以转移到交易伙伴那里时，交易主体就会做出信任交易伙伴的决策。互不相识的人之间之所以能建立信任关系并达成交易，其主要原因正在于此。基于这种因素做出信任决策，可大大减轻交易主体了解对方的信息负担，降低交易成本，有利于交易范围的扩大，从而也是整个经济发展的关键。基于第二种因素做出的信任决策需要作进一步分析，主要可分为三种情况。①第三方对交易伙伴有制约的关系。举个例子来说，如果你对交易伙伴所在的组织有着良好的信任，通常你就会信任交易伙伴，因为交易伙伴所在的组织对交易伙伴的失信行为有很大的制约作用。同样，法律制度和其他的市场制度对交易伙伴有着普遍的制约作用，如果交易主体对制约交易伙伴的相关制度及其实施机制予以信任，那么，交易主体也就能够做出信任交易伙伴的决策，因为交易伙伴一旦失信，相关制度就会对其失信行为做出惩罚。再举个例子来说，病人对医生的治疗能力等方面的信任，在很大程度上是由于对医生的执业资格制度的信任，而并不是由于病人确实了解该医生。进一步来讲，如果一个普通人穿上白大褂坐在医生的办公桌前，病人也会相信他有能力治疗疾病。②第三方肯定交易伙伴的信誉。如果交易者对第三方有着充分的信任，而交易伙伴的信誉又受到了第三方的肯定和推荐，则交易者对第三方的信任就很容易转移到交易伙伴那里，即使交易伙伴是从来没有接触过的。在现实中，通过熟人介绍所建立的交易信任关系多是基于这种原因的。同样地，根据信用机构所发布的信用级别等信息来判断对方是否可信也是基于这种原因，这也正是许多学者大力呼吁在我国尽快建立信用机构的目的所在。③第三方与交易伙伴在某些重要方面具有相同或相似的属性和特征。当交易主体对第三方有着充分的信任，而交易伙伴在某些重要方面有着相同或相似的属性或特征时，交易主体对第三方的信任也很容易转移到交易伙伴那里。这种信任转移主要源于人类认识活动中的归类思维倾向。从这里我们也可以看出，无论是守信行为还是失信行为都具有外部性。

以上分析表明，交易主体对其交易伙伴的信任可以转移自不同的第三方，但是，在所有这些第三方中，哪一个是最为重要的呢？我们必须注意到，在市场经济中，任何交易的实现都必然是在一定的制度约束下完成的，因此，在所有这些第三方中，制度的影响最为普遍，从而也是最为重要的。

那么，为了建立信任，需要建立哪些制度呢？最重要的制度有三个：公开诚实的制度、目标管理制度和互惠制度。

公开诚实的制度，即个人行为是可信赖的，整个组织行为也要可信赖，因此，首先要做的就是公开诚实。要如何公开呢？一个企业不可能完全公开，所以要建立有效的机密等级制度。什么能公开，什么不能公开，要有制度。能公开的尽量公开，公开得越多，就越透明，大家对其就越信任。韦尔奇（2013）在进行企业再造前，花了四年的时间去整肃企业文化，整肃完毕后，才开始发动企业再造工程。在四年企业文化建立的过程中，其核心就是诚实文化。他每天都会"三省吾身"。例如，他会反省说，我今天碰到人家问我一个东西（他常常到处宣扬他的理念，底层员工都会和他聊天），是公司的机密，我应该很诚实地告诉他，但我不能说，因为他的层级不够，我不能告诉他公司的机密，但我说谎了，讲了一个假东西给人家听，我很后悔。韦尔奇（2013）把这些反思都公开，让大家都能看到，以此来建立诚实文化。

目标管理如何能建立效果呢？德鲁克（2006）发明的一个做法就是强调目标管理，要建立良好的目标管理制度，这是非常重要的。目标管理制度要求让每个员工都设立目标，因为让员工设立目标是让员工去自我达成，去建立相互的信任感。而每一个目标都要比上一个目标难一些，才能不断提升员工的能力，但也不能难很多，因为万一他失败了，就会受到责备，信任感就被破坏了。对于团队来说也是一样的，团队要设立目标，每个团队要有一个精英带领团队去实现目标。伴随着一次次的胜利，团队的信心就会越来越强，信任感也会加强。

互惠制度对于个人而言，包含了工具性交换，即多少钱买多少货。但是，在一个公司之内，要如何去建立互惠制度呢？最常见的做法就是让员工变为股东，分红、分股票，保障员工的工作成果能够得到一定的互惠。就整个组织层面来讲，就要建立一些制度，如考核制度、分红制度，还要建立一些制度和规范，让大家认为考核、分红是公平的。总之，建立良好的互惠制度，同时用评价制度作为辅助，就可以帮助企业建立更强的信任感。

第四节　供应链治理中的制度信任

一、供应链治理中的制度信任

在目前最广泛运用的合作关系中，信任机制还只是一种基于感情因素的个人信任，一个好的采购人员或者销售人员可能通过个人努力而建立起一种个人信任，但是这种信任非常短暂，而且容易断裂，一旦这个人离开公司，那么之前的关系就荡然无存。可见，要真正实现供应联盟的建立，制度信任（institutional trust）才是真正积极有效的做法。制度信任原是一个社会学的范畴，是相对于传统的人际信任而言的，是社会生活中个人、组织或群体对现有社会制度（包括规章、规则、法规、条例等契约形式）的肯定和认可，认为制度约束下的交往对象能确保个人、组织或群体的生理、心理和社会活动的安全，进而认为制度约束下的交往对象、交往行为和交往过程是值得信赖的。制度信任也同样适用于供应链管理，由于供应联盟需要持续发展，就必然需要具备比人际关系信任更深层次的制度信任。伯特（2012）认为，供应链管理中的制度信任包含以下几个要素：制度信任随着时间发展，它是过程的一部分；内部的信任要在外部信任之间建立；相关的成本和预测信息是共享的；非正式协议和正式协议一样有效；关系中的争议是公开提出和解决的；合作双方都会在内部讨论过程中考虑合作伙伴的权利、期望和意见；在合作的领域内，企业拥有共同的目标；等等。

制度信任是供应联盟区别于合作关系的关键因素。由于制度信任，参与者可以在合作范围内得到彼此的战略计划，可以共享相关的成本信息和成本预测，风险和回报也是公开提出的。在制度信任中，非正式的协议和书面协议一样有效，制度信任也是可以被衡量和管理的。

二、供应链信任机制的理论分析

（一）供应链信任关系的价值链理论分析

价值链理论是哈佛大学 Porter（1990）于 1990 年在研究企业竞争优势时提出的。他指出，价值链并不是一些独立活动的集合，而是相互依存的活动构成的一个系统，不仅公司内部存在价值链，一个公司价值链与其他经济单位的价值链也是相连的。而后，Gereffi 在 1999 年提出全球商品链（global commodity chain，GCC）时指出，产品的生产超越了国家的界限，在全球范围内布局生产。2001 年，英国经济学家 Kap Linsky 在他主持撰写的《价值链研究手册》(*A Handbook of Value Chain*)中进一步阐述了全球价值链（global value chain，GVC）的概念。他认为，原来由一个企业从事的完整生产活动，现在由多个企业来完成，产品和服务的经营不再局限于一个国家或一个企业内部，而是在全球范围内实现配置，从而形成全球价值链。可见，现在任何一个企业都存在于从供应商到消费者的价值链体系中，体系中各价值行为之间的联系对公司竞争优势的大小有着至关重要的影响。因此，价值链上活动的整合与协同不应仅局限于企业内部，还应该在企业之间进行，通过与其他企业形成联盟，在产业的激烈竞争中获取竞争优势。结盟伙伴之间相互协调，并不是一种零和博弈，而应该用双赢的途径共同分享价值链，这有利于拓展企业价值链的有效景框。

（二）供应链信任关系的交易成本理论分析

诺贝尔经济学奖得主科斯（1990）在《社会成本问题》中认为，任何不同经济主体在交易过程中所进行的谈判、讨价还价、搜集信息等活动都要产生费用，这就是主流经济学忽视的交易成本。在此理论基础上，Williamson（1964）进一步发展了交易成本理论，命名了新制度经济学。1980 年，他在《工作组织》中将交易费用分为合同签订前交易费用和合同签订后交易费用。前者包括草拟合同、就合同内容进行谈判及确保合同得以履行所付出的成本；后者包括不适应成本、讨价还价成本、建立及运转成本和保证成本等。交易成本产生的主体原因包括人的有限理性与机会主义行为；客体原因包括交易所具有的三个基本维度：交易发生的频率、交易的不确定性程度及资产专用性条件。现实世界中，这三个维度的不同组合形式决定了交易成本的不同。但可以肯定的是，如果存在一个有效的信任机制，交易的总成本（包括事先的交易费用和事后的交易费用）是可以被控制的。例如，企业在最初的交易过程当中，通过信息的沟通交流及考察评估，供需双方可以逐步建立信任的关系，并在以后的交易中作进一步的信息交换等，产生超越合同的灵活性。此外，信任机制的建立还可减少供应链企业对专用资产的投资，交易的总成本也随着不确定性和资产专用性的降低而下降。不可否认，信任的一方有可能被另一方所利用，产生所谓的机会主义，这就需要采用有效的技巧来避免信任的被利用。正是由于企业的价值链是一系列相关的活动和主体，在交易关系上表现为采购商和供应商的相关性活动和行为，采购商和供应商在寻求各自利益的最大化的前提下，必须把对方纳入自己的利益相关体系，所以，以信任为前提的合作就成为必不可少的趋势。同时，为了最小化交易成本，采购商和供应商之间还必须建立一种高效、灵活、互惠的关系，即我们常说的双赢关系，制度信任是建构这种关系的绝对因素和润滑剂。

第五节　供应链节点企业间信任机制的建立

信任机制是供应链节点企业组织之间利用合作各方的信任关系来加以规范、协调各企业及行为主体的行为方式，在企业组织之间发挥着重要的作用，它是供应链的关键组织原则，是供应链上节点企业组织之间相互合作的前提和基础，是保证供应链正常运转的支柱。节点企业组织间相互的信任来源于以前的相互交往，信任机制让企业根据以往的经验使将来的合作更加便利。这种相互信任使合作各方对彼此的行为有很强的安全感，能使合作伙伴行为忠诚，而且信任使各方增加共同点和减少了分歧，有利于做出一致的决策。同时，信任也能够降低协同成本。信任成为节点企业组织间相互依赖、任务协调的一种润滑剂。信任机制使合作各方彼此意识到要实现各自的利益最大化就必须遵守既定的规则、惯例和程序。而且，信任机制使节点企业具有了很强的能力处理彼此之间的交易，使他们之间的交往容易管理。因此，信任机制可以说是节点企业间组织协同最有效的机制。

一、供应链节点企业间建立信任的必要性

随着科学技术的进步和生产力的发展，企业之间的竞争日益加剧，顾客需

求不断变化，人们逐渐意识到，单凭企业自身的力量难以在竞争日趋激烈的市场环境下求得生存和发展。从 20 世纪 80 年代中期以后，工业发达国家中有近80%的企业放弃了传统的"纵向一体化"模式，而转向了"横向一体化"的管理模式。这种管理模式的特点是只抓住企业发展中最核心的业务，将非核心的业务委托给其他有优势的企业去做，以达到充分利用企业的外部资源去快速响应市场需求的目的，从而提高整体的竞争实力。在这一新的管理模式下，节点企业之间是一种需求和供应的关系，把这些供应商、制造商、分销商、零售商和最终用户依次连接起来，就形成了一个拥有共同目标、相互协作的有机整体——供应链。

供应链管理是对供应链中的物流、信息流、资金流及合作伙伴关系进行集成化管理的过程。其目标是在各成员之间建立一种合作伙伴关系，实现优势互补，最大限度地培育和发展核心竞争力，尽可能创造更多的利润。但供应链的整体高效率并不会一经组合就自动实现，它取决于各成员理性的合作能力。这种合作能力不仅需要成员具有一定的实力和竞争优势，更需要各成员之间的相互信任与紧密协作。研究表明，在影响企业合作关系的诸多因素中，成员之间的相互信任起到了重要的作用，可以说，建立起相互信任的伙伴关系是企业赢得竞争优势的基础。对于一个供应链来说，合作伙伴之间的信任关系不仅可以促进合作，改进组织形式，改善组织网络关系，减少交易费用和组织间冲突，还可以提高供应链整体的反应速度，尤其是面对各种危机和突发事件时的应变能力，确保供应链的稳定运行。

信任是合作关系发生的前提，各成员之间的广泛信任是交易顺利进行的保障。而很多合作失败的原因也往往是缺乏足够的信任。在我国社会主义市场经济的发展过程中，企业之间的信任关系一直令人担忧。其中，虚报财务报表、恶意逃废债务、生产假冒伪劣产品、利用经济合同诈骗的现象时常出现。在经济利益刺激下产生的个体理性和群体理性的冲突，使企业在合作的过程中如履薄冰，唯恐上当受骗。加之目前在合作的过程中，制造商、供应商和经销商之间往往只注重短期效益，更容易引发信任危机，造成供应链的断裂。例如，有的企业同时保留几个相同产品的供应商迫使他们相互竞争；有的企业封锁应与合作方共享的信息；还有一些大型零售企业向其供应链成员收取高额的"进店费"等。这不仅增加了消费者的购买成本，更严重地阻碍了我国供应链中合作关系的建立和发展。

随着市场经济的不断发展，供应链中的各个成员已逐渐意识到信任关系的重要性。但供应链中信任关系的建立和管理是一个复杂的系统工程，如何在供应链中建立良好的信任关系也一直是困扰管理者们的难题。

二、节点企业之间怎样建立信任

建立供应链中节点企业之间的信任关系，首要任务是要确定可信任的合作伙伴。科学地选择合作伙伴能够有效地降低不确定性和发生机会主义的概率，为信任机制的建立奠定基础。信任方之所以信任对方是因为被信任的一方在实际行为中体现了可信性，向信任方表明了值得信任的特征，从而赢得了信任。所以，信任与合作伙伴所表现出来的可信任程度存在着一定的相关性，合作伙伴的某些特质和行为构成了可信度的基础。而可信度评价就是通过对供应链中合作伙伴的某些特质和行为的考察，对其可信任程度进行定量的计算，并根据评价的结果确定合作伙伴的信任类型或等级。因此，为了确定信任对象是否值得信任，我们对各节点企业的可信度进行评价。供应链节点企业之间可信度评价可以被分为以下几个步骤。

（一）设立合作伙伴可信度评价机构

在对合作伙伴的可信度进行评价之初，供应链中的核心企业应设立相应的评价机构以控制和实施评价活动。该评价机构的设立可以根据情况或聘请外部的专业评价机构，或从供应链中的成员企业中选取有经验的人员，组建评价小组。一般来说，设立的评价机构要具备以下两个条件。

（1）评价人员具有相关的理论水平和实践经验，专门或曾经从事过评价活动，具有丰富的行业经验和市场分析能力。

（2）评价人员对相关的领域应有一定的研究，具有一定的权威性和代表性。同时，评价过程中要保证样本的数量和范围，以确保结果具有代表性和全面性。

（二）确定合作伙伴的可信度评

在设立了可信度评价机构之后，评价人员首要先了解该供应链所处的市场竞争环境，掌握各成员企业的经营情况等。其次，要细化评价目标。根据可信度评价的最终目的，即建立基于信任的供应链合作关系，将总目标分解为各个具体的分目标。最后，根据各目标制定合作伙伴可信度评价的程序，制定详细的实施计划。

（三）建立合作伙伴可信度评价指标

供应链可信度评价指标是企业对合作伙伴进行评价的依据，通过统一的指标和有效的方法，能够对合作伙伴的可信度做出科学的评价。在评价指标的选择过程中，要遵循一定的原则，做到全面反映合作伙伴的可信度情况。

（四）搜集可信度评价的数据

在建立了合作伙伴的可信度评价指标之后，评价人员根据各指标的要求进行数据的搜集。此外，为了全面反映评价对象的情况，还需要搜集其他资料，如发展前景、技术开发、管理层素质等。一般来说，所需资料的来源主要有：企业的会计报表、注册会计师的审计报告、政府机构的统计调查数据，以及评价机构调查核实的数据资料等。在充分搜集了相关的资料以后，评价人员要本着实事求是的原则，对搜集到的数据进行客观公正的加工处理。

（五）综合评价合作伙伴的可信度

在对合作伙伴的可信度进行综合评价时，可以选取层次分析法、模糊评价法、神经网络等方法对其可信度进行综合评判。

（六）分析可信度评估结果

根据得到的结果，评价人员应进行详细的分析，判定合作伙伴可信度的情况和等级，并提交相应的分析报告。在分析报告中应对分析时期、分析过程、采用的分析方法和结论依据做出交代，概括分析的内容，并对分析资料、分析方法的局限性作出说明等。一般来说，撰写的分析报告应做到重点突出，数据确凿，语言简练易懂。经过评价和分析，对于可信程度不高，但有提高自身诚信水平意愿的合作伙伴，评价机构应该帮助其查找原因，采取督导、协助等措施来提升其可信度水平。同时，定期地对其进行可信度评价，以考察其改进的情况。

（七）建立供应链节点企业信任关系

对于可信度较高的合作伙伴，核心企业就可以与之建立起初步的信任关系了。在建立信任关系的过程中，还应注意将遇到的问题及时地反馈给评价机构，以便对评价指标进行修正和完善，使评价结果能够更加准确、合理。

三、供应链节点企业之间信任形成机制

相互信任既是供应链节点企业互惠互利的需要，也是供应链发展不可缺少的关键因素。通过对合作者的可信度进行评判，伙伴之间建立了初步的信任关系。如何将这种初步的信任进一步提升，建立更加牢固的合作关系呢？这就需要有能够促进信任形成的机制。

（一）信任的形成途径

相互信任既是各成员合作的需要，更是供应链健康成长的必备条件。学者 Zucker（1986）曾提出过，相互信任的产生机制有过程型、特征型和制度型三种形式，这也是目前广泛被大家接受和认可的三种形式。在建立合作伙伴信任关系的过程中，要识别和选取适合的形式，以保证其形成机制与供应链的性质和需求相适应。根据 Zucker（1986）的观点，在供应链发展过程中，这三种信任机制均不同程度地发挥着作用。

1. 过程型机制

过程型的信任机制认为，行为的连续性决定了过去的行为对现在和将来的行为有着不可磨灭的影响，长期持续、可靠的关系会强化合作伙伴之间的信任。当各方预期到合作的进一步发展会带来更大的收益时，这种信任关系就会不断得到强化。这种过程型的信任表明，相互信任关系可以通过供应链本身的创建、成长和成熟而不断巩固。在供应链组建初期，由于对各节点企业的信息了解不够充分，难免会相互猜疑、试探。所以，在彼此的交往中，各成员要表现出对对方的理解，并尽可能地让对方了解自己，可以通过正式和非正式的沟通渠道来提高合作的透明度。一方面，每一个节点企业都应该尽可能地了解对方的策略和行为，并明确自己在供应链中的地位和作用；另一方面，要适应对方的行为和习惯，减少因行为的不一致给供应链带来的不确定性和脆弱性。随着合作的深入，供应链的整体收益和各节点企业的收益都将得到提升，信任关系也会随之增强。在这种情况下，为了获取长远的收益，供应链中的节点企业一般不会对其他合作伙伴采取机会主义行为。但建立在单纯的信任基础上的合作关系毕竟是脆弱的，如果企业利用信息不对称实施欺骗，则必然对其他合作伙伴产生影响，使信任关系遭到破坏。因此，信任的建立需要合作双方的精心呵护。

2. 特征型机制

特征型的信任机制认为，相似的企业文化及社会背景能够降低企业对合作各方反应的不确定性。所以，相似的企业文化可以减少合作伙伴之间的矛盾和冲突，强化合作伙伴行为的连续性和一贯性，确保信任关系尽可能少受到干扰和破坏，以维护供应链的正常、稳定运行。由特征型信任机制的原理可知，供应链中各个合作伙伴的企业文化越接近，其思维和行为模式的一致性就越高，行动的可预测性就越强。因此，在供应链的成员选择阶段，应当尽量寻找在同一社会背景和价值体系中的企业。但是，我们也必须意识到，在供应链中构建信任关系的目的是促进各成员之间的交流合作，降低成本，提高收益。如果信任的建立仅依赖于对共同特征的认可，那么这种信任可能会降低双方学习的效果。因此，为了寻找到合适的合作伙伴，核心企业不要仅局限于对方的社会关系特征，而应该从互利互惠的角度出发，在追求情感认可与理性衡量收益之间寻找到一个恰当的平衡点。在建立信任关系的过程中，供应链中的各成员要正视双方存在的差异，从理性的角度出发，努力对自身和合作伙伴加以改进，这也是双方信任关系长期发展的基础和价值所在。

3. 制度型机制

制度型的信任机制认为，信任的形成可以通过建立一种能增加合作收益、提高欺骗成本的制度来规范各成员的行为。这种信任在合作中十分普遍，即使是在高度信任的合作关系中，各成员也会受到经济利益的诱惑，所以，必须依靠一套行之有效的规范来约束合作伙伴的行为，以确保信任关系的持续发展。对于供应链内的节点企业来说，要使每个成员的行为理性化，抵抗住利益诱惑，就需要在供应链内部建立一套能够防止相互欺骗、遏制机会主义行为的制度机制。在对于合作伙伴缺乏了解时，规范性机制往往是建立信任关系的最佳选择。一般来说，建立规范型信任机制时，一方面，可以通过提高欺骗的成本来消除投机心理；另一方面，可以通过增加合作的收益来提高合作伙伴的竞争实力。这种规范型的机制对于稳定供应链内企业的合作关系、提高信任程度，将会起到保障作用。

（二）供应链中节点企业间信任形成的条件

供应链企业中形成信任所需要的条件很多，既有外部条件，如法律制度、资信调查、行业规范等；也有内部因素，如公平分配制度、信息沟通与共享及各成员的企业文化等。这里主要介绍内部的一些因素。

1. 公平的利益分配制度

一般情况下，制定制度或程序的通常是那些实力雄厚、处于核心地位的企业。而其他合作成员，尤其是那些实力较弱的节点企业，对这些政策或程序的内容是非常关心的，因为这些政策或程序决定了利益是如何在供应链中分配的。如果这些制度或程序偏向于强大的一方，就会使得弱小的一方对自己合理利益的取得缺乏安全感，难以在成员之间建立信任关系。因此，供应链中的成员在做"大蛋糕"的同时，还应注意把"蛋糕"分得合理才行。公平的利益分配制度统能从总体上增加目标的一致性，减少欺骗行为，增加彼此间的信任感。

2. 畅通有效的信息沟通与交流

畅通的信息交流和传递对建立信任关系非常重要。借助各种 IT 向供应链上的各节点企业提供信息，并收集从最初的客户需求到产品的生产、配送、销售和库存等一系列的信息，更好地适应环境的变化，提高合作的一致性和协调性，巩固合作伙伴之间的信任。有效的信息沟通和交流可以从以下三个方面入手。

首先，利用信息通信技术，建立多种沟通渠道，扩大成员间信息交流的广度和深度。例如，通过卫星定位系统实现对汽车、火车、船只等物料运载工具的精确定位跟踪与指挥；运用电子数据交换（electronic data interchange，EDI）和电子资金转账（electronic funds transfer，EFT）等技术，实现无纸化作业；通过虚拟的网络社区、编码化的产品技术文档、电子邮件等，用网络将各成员和各部门连在一起，以较低的成本实现数据共享。

其次，在合作伙伴之间建立正式的信息交流平台。一方面，有助于对合作伙伴的守信情况进行实时考察。在供应链管理中，要实现公正、准确的资信评价需要有相应的成员企业经营活动的数据，而信息平台上历史数据记录为评判提供了基础数据。同时，信用评价的结果也可以通过信息平台发布。另一方面，信息交流平台为各成员提供一个广泛交流、学习的机会，有助于共享内部知识与外部市场信息。通过信息平台所提供的电子公告牌系统（bulletin board system，BBS）、资料下载等功能，成员企业可以交流经营心得、学习新的技术、掌握行业发展态势，对共同开发的新产品、项目进行实时沟通等。

最后，通过企业间员工的非正式交流来化解不同企业间的文化差异与隔阂，为建立信任关系创造和谐的氛围和一致的文化基础。供应链中各成员应为员工多创造一些进行沟通交流的机会，如举办企业间员工联谊活动、鼓励双方技术及市场人员通过灵活的方式交流经验、体会等。

四、供应链节点企业信任保障机制

（一）基于制度约束的信任保障机制

信任是有风险的，如果双方相互信任程度不够高，或信任程度不对称，就容易引发信任危机，给供应链各节点企业带来风险。而制度保障机制就是对信任风险进行管理与控制非常好的机制。

供应链中并不排除存在一次性交易的可能性，有效的制度可以规范企业在交易中的行为，避免企业采取欺诈的策略。所以，运用制度维系合作伙伴之间的信任就显得十分必要。从某种程度上来说，合作伙伴之间的信任是建立在制度基础上的信任，制度约束机制是保障供应链合作伙伴信任关系的基础。对于制度约束机制的内容，现从事前、事中和事后三个方面来阐述。

1. 抵押或投资的事前控制措施

制度约束机制中的事前抵押是指，在项目进行前要求各节点企业先进行财产抵押或预交一定数额的保证金，如果对方失信，则以抵押物或预交的保证金补偿信任方的损失。尽管这样做会造成一些资源的闲置和浪费，但抵押的结果可以强化被信任方的信任，对被信任方也起到了监督的作用。通过抵押，信任方的信任风险被分散到抵押物或保证金上，抵押物增加了被信任方的违约成本，在一定程度上保证了信任方的利益。事前的控制措施除了抵押，还可通过不可撤回性投资来约束合作伙伴的行为，一旦被信任方采取了欺骗的策略，以前的不可撤回性投资，如场所、人力资本等，都将无法收回，成为沉没成本。因此，不可撤回的投资也可以像抵押一样，起到约束合作伙伴行为的作用，保障合作的顺利进行。

2. 动态合同与信息披露的事中检查措施

1）动态合同

合同是合作伙伴信任关系的主要保障措施之一。鉴于供应链的复杂性和动态性，可以通过制定动态的合同来最大限度地保持合作伙伴的稳固性，减小可能给供应链带来的冲击。这里的动态合同是指，在各成员合作的不同阶段采取不同的合同形式，在合同的执行过程中，也可以根据前一阶段合同的执行情况，对下一步的合同执行情况进行相应的调整。例如，拟定辅助性合同以弥补或纠正原合同中存在的缺陷和不足；对于涉及范围广、执行时间长的合同，也可以视情况将合同分解为若干小合同，将时间跨度较长的合同分解为执行时间较短的阶段性合同，防止因合同不完善而引发合作伙伴机会主义行为，降低产生的风险的可能性。

2）信息披露

信息披露就是指，在合作的过程中，核心企业对各节点企业的合作进展情况进行调查，各节点企业可以把伙伴的合作情况传递给核心企业，核心企业经过调查确认，将合作过程中出现的不诚信行为及时披露给供应链中的其他节点企业。通过这种信息的披露，可以降低信息不对称的程度，促进供应链的信息共享。同时，核心企业也可以借助该信息平台，及时捕捉、发布重要的市场信息，预测可能出现的风险，提高各成员应对风险的能力。

3. 违约赔偿的事后惩罚措施

制度约束机制的第三步是制定违约赔偿的事后惩罚措施，给失信者以严厉的处罚。由于供应链中的合作具有长期性，当被信任方采取欺诈行为时，各成员将不再与欺诈者合作，并对其进行惩罚。首先，推选核心企业或聘用外部独立、权威的评估机构对伙伴的守信情况进行客观评价，如果伙伴的违约、失信行为被确认，则可根据合同规定实施惩罚，甚至终止合同。同时，对给其他合作伙伴造成的损失给予补偿。其次，对于一贯遵守合同规定、信誉良好的合作伙伴，在今后的合作中要优先考虑与其合作。制度约束机制把激励与约束监督紧密结合起来，实现了利益与风险的协同效益，促使各合作伙伴像关心自己的利益一样去关心供应链的整体利益，从而提高各成员之间的相互信任程度。

（二）制度约束机制的不足

　　基于制度约束的信任保障机制，虽然可以在一定程度上规范供应链组织成员的行为，减少合作风险。但是，供应链不同于传统企业，完全依靠制度的约束来规避风险还存在一定的缺陷，这主要是因为以下几个原因。第一，制度本身具有不完全性。供应链中的各成员是相互独立的企业实体，具有不同的利益追求，加盟的目的也不尽相同，在运行的过程中难免会有冲突出现。而在个体有限理性与外部环境不确定性的情况下，仅靠制度并不能对供应链中的企业进行全面的约束。第二，由于信息的不对称，一些企业有可能利用制度，进行机会主义行为。而交易的双方很难找到理想的第三方来判断对方是否能够做到诚实守信。这一缺陷是制度约束的最主要的缺陷。因为协议的作用主要在于事后对失信方的惩罚，而企业并不希望通过对另一方违约进行惩罚来获利，最好是双方从一开始就都信守承诺。第三，监督与实施成本高。事后的惩罚依赖于事前的合同约定，而事前签订一份完备的合同需要的成本很高，冗长的合同也意味着市场机遇的丧失和灵活性的降低。当出现欺诈行为之后，信息的传递也需要一定的成本和时间，这些都将提高监督与实施的成本。可见，供应链合作伙伴之间信任关系仅靠制度难以维系，信任保障机制不仅要包括硬性的制度约束，还应该有软性的声誉约束，以弥补制度约束存在的缺陷，降低合作伙伴面临的风险。

第十一章　柴达木枸杞产业化面临的机遇、挑战和发展思路

第一节　发展机遇和面临挑战

一、发展机遇

青海省枸杞产业化正处在一个新的起点上，进入了一个崭新的发展阶段，面临着前所未有的发展机遇。

（一）具有良好的发展环境

青海各级党委、政府、林业厅下属的各单位把柴达木枸杞产业化作为青海发展中带有全局性、方向性的大事来抓，全盘规划，重点实施。为了使柴达木枸杞产业发展计划全面得以实施，成立了州政府主管领导为组长，农牧、林业、发展改革委员会、财政、水利等部门为成员单位的实施领导小组，明确工作职责，通力协作，密切配合，各司其职，各负其责，全面落实。市、县两级也都成立响应组织，并专门设立了枸杞产业工作站，负责技术指导、业务培训、技术服务、科技推广等工作。

（二）具有良好的政策环境

青海省抓住国家西部大开发、退耕还林还草的战略和青海省"生态立省"的大好时机，制定各种有力的政策和保障措施，促进柴达木地区枸杞产业链的形成和产业的健康快速发展。各级政府积极落实招商引资各项优惠政策，依托各种项目积极引进国内外资金，鼓励民间投资，拓展资金渠道和融资方式，形成投资主体多元化、投资方式多样化的格局。州上成立联合验收小组，制定考核办法，实行以奖带补的优惠政策。州财政每年预算一定的资金作为枸杞产业发展专项奖励资金，对新发展面积成活率在85%以上、保存率在90%以上的，每亩枸杞地给予一定的补助；对基础研究、良种繁育、制干设施、产业带建设、示范园区和生产基地建设、服务体系建设、龙头企业及市场建设等，给予专项资金补助，并对工作中做出突出贡献的先进集体和先进个人给予重奖，激励枸杞产业的快速发展。

（三）枸杞产业的发展前景广阔

随着人口的持续增长、人民生活水平的不断提高，以及人们自我保健意识的逐步增强，人们对具有养生保健作用的产品需求日益增加。由于枸杞子价格适中，保健功能显著，使用方便，深受人们的青睐。随着消费的增加，枸杞产业发展突飞猛进。目前，枸杞市场主要以食用为主，药用为辅，国内为主，国外扩大，因此可以总结出以下几个方面的现状。

（1）人们的日常食用量增加。枸杞是药食两用品，很早以前，已成为人们日常食疗食补的佳品，今天，人们更加追求饮食养生保健作用，在日常生活中，泡水、泡茶、熬汤和炒菜中，都喜欢放一点枸杞。在中国食文化中，枸杞作为养生保健的佳品，且因其具有鲜艳的色彩，已成为各大菜系不可缺少的原料。据粗略统计，使用枸杞的著名菜点就有199道，药膳有192道。在食品加工业，枸杞也是加工食品的主要原料。

（2）随着营养保健品的大量开发，枸杞用量迅速增加。枸杞由于含有大量的营养成分且具有诸多的医疗保健功效，特别是在增强免疫功能、抗衰老、补肾明目等方面效果明显，一直是国内生产滋补保健药品、食品必不可少的原料。具有悠久历史的枸杞酒，就是以枸杞为原料，再加上其他中药材，配制具有一定保健功能的滋补药酒。随着科技的发展及现代提取分离技术的提高，以枸杞为主要原料的新型枸杞保健食品纷纷上市，并且品种繁多，食用方便，因而深受人们的欢迎。

（3）枸杞是生产中药、中成药必不可少的原料。枸杞是医院处方配伍中经常使用的中药材，在我国现存的医疗典籍中使用枸杞的医方就有数千个，并且，随着我国传统医学的发展，中成药发展迅速。目前，国家正式批准生产的中成药共计有5017个品种，其中，处方中使用枸杞的就有275种，占中成药生产品种总数的5.48%。

（4）枸杞产品的出口稳定增加。枸杞是我国出口创汇的大宗中药材产品之一，药材中排名第九。随着近几年枸杞种植面积的增加，市场也不断地拓展，出口量呈稳步增加的趋势。枸杞出口在不断稳定、发展亚洲和华裔市场的同时，积极地拓展了欧盟、美国、澳大利亚等西方市场，并随着欧美乃至世界市场对枸杞独特而丰富的营养保健功效证实和认可，枸杞的出口额会不断地增加。2014年，宁夏枸杞出口额突破7053.4万美元。

（四）枸杞后续产业的开发前景广阔

枸杞作为药食同源的中草药原料，具有丰富的营养价值和生理保健功能，使用高新技术高效提取枸杞活性成分，开发新型枸杞食品及深加工产品将有广阔的市场前景和可观的经济效益。

（1）枸杞多糖的提取。枸杞多糖是从枸杞中提取得到的一种水溶性多糖，这种糖蛋白具有生物活性，是一种高强度的免疫增强剂。随着科学技术的发展，人们已认识到枸杞中起主要作用的成分是多糖，并且已明确该多糖系蛋白多糖，由阿拉伯糖、葡萄糖、半乳糖、甘露糖、木糖、鼠李糖6种单糖成分组成。1995年，国际卫生组织在布鲁塞尔国际发明博览会上公布了枸杞多糖是增强人体免疫力的特种增强剂的消息，从此，全世界枸杞多糖的需求量每年以 25%的增长速度骤增。枸杞多糖可应用于药品、食品添加剂和保健品等方面，可制作饮料、口服液、胶囊等产品，对增强人体免疫力、防癌抗衰、降血糖等方面具有显著的功效。现在，枸杞多糖提取技术已成熟，提取的枸杞多糖纯度高，因而，市场前景广阔。

（2）枸杞油的提取。枸杞籽是枸杞的种子，含有孕育生命发育和生长的丰富而全面的生物活性物质。从枸杞籽中提取的枸杞油经分析检测，含亚油酸68.3%，油酸19.1%，γ-亚麻酸3.1%，维生素 E 27 毫克/100 克，β-胡萝卜素 170 毫克/100克，磷脂 0.25%，并含有多种微量元素和生物活性物质及表皮生长因子、超氧化物歧化酶（superoxide dismutase，SOD）等。食用枸杞籽油能降低血浆胆固醇，减少血管壁中胆固醇的含量，防止血脂及动脉粥样硬化症；可促进皮肤血液循环，直接参与皮肤新陈代谢，消除氧自由基，延缓表皮和真皮的衰老，加强皮肤水合功能，使皮肤柔软并富有弹性，有明显的增白效果；对老年斑和黄褐斑色素沉着有明显的消褪作用；可补肾虚，对中老年尤其明显；并且是世界上唯一能够治疗青光眼、白内障的高级食疗保健用油。目前，枸杞籽油的提取基本采用了国际先进的超临界二氧化碳萃取、膜分离等现代生物工程技术，在常温下萃取、浓缩，完整保留了枸杞的活性成分和功能因子。这种提取技术工艺简单、能耗低，操作方便，能够最大限度地保留枸杞的活性成分，枸杞籽油提取率已达到94%。目前，我国枸杞籽油常采用软胶囊包装，这样不易氧化，稳定性高，便于携带和服用。软胶囊枸杞籽油又被誉为"液态软黄金"。

（3）枸杞色素的提取。枸杞色素是存在于枸杞浆果中各类呈色物质的总称，是枸杞的主要活性成分之一，主要由脂溶性的类胡萝卜素及其他多酚和黄酮类有色物质组成粉末状或极易松散的块状。枸杞色素不仅是安全性高的天然色素，而且其本身就是营养品。枸杞色素是以成熟的红枸杞果为原料，利用现代的生物技术提取而成的，它是绿色着色剂，最适用于食品和化妆品的着色。目前，枸杞色素药效成分的研究主要集中在提取 D-胡萝卜素上，其将成为以后枸杞加工的重点产业链条。

（4）枸杞加工前景。枸杞加工就是以枸杞为主要原料，突出枸杞的原风味和保健功能，并且根据人们的喜好生产出的产品。目前，市场上已开发的主要产品有果汁饮料、茶、粥、蜜饯、果酱、酱油、醋、酒及化妆品等。现以枸杞酒为例，说明枸杞加工前景。具有传统历史的枸杞酒因其显著的保健功能，深受人们的喜爱。枸杞酒的制作工艺简单，主要包括发酵型和配制型两种方法。发酵型枸杞酒以枸杞为主要原料，配以红枣、蜂蜜等营养食品做辅料，经过发酵生产出产品。市场上最常见的产品有以枸杞干果为原料，通过葡萄酒酵母发酵而制成的具有枸杞香味、口感柔和的枸杞酒，枸杞与葡萄按照一定比例混合发酵制成的枸杞葡萄酒，枸杞与麦芽汁、红枣汁等原料混合发酵制成的枸杞啤酒等。配制型枸杞酒是把枸杞按照一定的比例浸泡在酒中而制成的产品。配制型枸杞酒一般根据自己的需求，枸杞干果加上其他的中药材配制而成。由枸杞通过发酵而制成的复合型枸杞保健产品风味独特，营养互补，比较符合国内外饮料向天然、保健、营养发展的趋势，开发前景特别好。

二、主要挑战

柴达木枸杞产业化的发展刚刚起步，肩负的任务比较艰巨，不仅要面对枸杞产业化本身基础差、产业链条短等的压力，还要接受来自国内外市场的挑战。

（1）从枸杞产业化发展自身来看，尽管柴达木枸杞种植环境优良、产品的品质好，但是，要在现有产业基础上快速发展，仍然存在不少的困难。在现阶段最主要的困难如下：一是基础设施差；二是技术薄弱；三是没有形成一定的市场；四是龙头企业规模普遍偏小，带动力弱，竞争能力小，抵御市场各种风险能力差；五是产业的链条短，加工增值率低下；六是还没有形成产品的标准化生产。

（2）从国内外市场环境来看，最大的挑战来自柴达木枸杞还没有形成地域品牌。目前，虽然柴达木枸杞品质优于宁夏的枸杞，但是，人们还是认可宁夏的枸杞产品，导致柴达木枸杞大多数被冠以"宁夏枸杞"的牌子出现在市场上。造成这一结果的原因主要是还没有形成柴达木枸杞的地域品牌。

（3）从当前的国外贸易环境来看，农产品出口国际标准不断提高，对产品技术、绿色贸易等提出更高的要求。柴达木枸杞产业化刚刚起步，对枸杞栽培、管理、产品加工都没有形成严格的检测、监控体系，并且现有的龙头企业还缺乏应对国际市场的经验，严重制约了柴达木枸杞的出口创汇。

（4）从其他省市种植枸杞的发展现状来看，随着农业产业结构的调整，推动枸杞产业化的工作力度明显加大。无论是政策和资金的支持力度，还是工作的起点和发展速度，都明显优于青海省。因此，根据竞争优势理论，如何发挥青海省柴达木枸杞品质领先优势，推进柴达木枸杞产业化向更高水平和更高层次拓展，是青海面临的一个重大而紧迫的课题。

第二节　发　展　思　路

青海省经济贸易委员会制定的《关于促进枸杞加工产业发展的意见》中，对柴达木枸杞产业化有比较详细的规划，本书结合国内外农业产业发展的突出成果，从柴达木地区发展枸杞产业的特殊性（地广人稀，枸杞种植的发展空间大；柴达木地区人的生活环境差，制约枸杞的发展）出发，以"深入贯彻落实科学发展观，大力实施生态立省战略，按照扶持绿色产业、发展绿色经济的要求，以市场为导向，优化枸杞加工产业布局，建设规模化种植、标准化生产、规范化管理的枸杞种植基地；以培育枸杞加工龙头企业为依托，推进新技术的应用和科技进步，提升枸杞加工产业的综合实力。"①为指导思想，"坚持规模发展与科学规划相结合；坚持自主创新与引进消化相结合；坚持政府推动与市场导向相结合；坚持经济效益与生态效益相结合"的四大原则，在 2015 年基本完成"枸杞产业年销售收入15 亿元；枸杞种植面积达到 30 万亩，建立 5000 亩种植苗繁育基地、完成 15 万亩枸杞有机食品基地认证工作；培育实现年销售收入亿元以上的企业 3～5 户、建立枸杞标准化检测中心 1～2 个；枸杞深加工率达到 70% 以上，枸杞果酒生产能力达到 3000 吨、枸杞粉 1500 吨、枸杞浓缩果汁 5000 吨、枸杞芽茶 10 吨、枸杞黄酮 30 吨、枸杞多糖 30 吨、枸杞籽油软胶囊 4000 万粒；枸杞深加工关键技术应用达到国内先进水平，初步建成枸杞加工产业科技创新体系，科技进步贡献率达到30% 以上；培育中国驰名商标或中国名牌产品 1～2 个，青海省著名商标或名牌产品 3 个"。①目前，柴达木枸杞产业的主要任务和发展重点有以下几个方面。

（1）优化产业经营模式，奠定产业发展基础。规模经济理论认为，扩大经营规模可以降低产品的单位成本。柴达木现有的以家庭为单位的独立经营模式，抗风险的能力低，进入市场的主动性差，已影响枸杞产业化的发展。如今，大力发挥政府的引导作用，加快土地流转，建立"公司+基地+协会+农户"的产业化经营模式，快速实现标准化生产、规范化管理、规模化经营，已成为柴达木枸杞产业发展的首要问题。

（2）培育龙头企业，提高核心竞争力。波特（2003）在《竞争论》中认为，"经营者在定义行业时，应将眼界从产品拉高到功能性的思考，跨越国界的限制而迈向潜在的国际竞争，以及超越今天既有的竞争者而迈向潜在的明天可能的竞争者"。因此，在龙头企业的创建、引进和拳头产品的开发与延伸上要定位高，依托相关企业的种植、加工、销售优势，以及科研院所、大专院校的科技研发力量，积极推进跨区域、跨行业、跨所有制的资源整合，加快推进上下游企业之间、生

---

① 青海省人民政府办公厅. 关于促进枸杞加工产业发展意见的通知. 青政办〔2009〕196 号

产企业与研发机构的联合，尽快形成一批拥有自主知识产权、产品优良、市场开发前景好、核心竞争力强的企业，提高枸杞产业的规模效益和整体实力。对已经形成的龙头企业，应在资金上大力倾斜，政策上予以优惠。努力形成贯穿上下游的产业链，进而扩张为制度创新理念下的产业经营模式。对各类企业建立现代企业制度，做到产权明晰、权责清楚、自负盈亏、自我发展。在政府行为方面，应加大资金投入，着重抓好市场、交通、能源、通信等基础设施建设，为产业的发展创造一个宽松、良好的环境，同时要加强农村农技服务体系建设，使其真正发挥为农民提供产前、产中及产后一条龙服务的作用。

（3）以市场为导向，充分发挥资源优势，延伸枸杞产业链条。陈少强（2009）在《中国农业产业化研究》中认为，"农业产业化必须以市场为导向"，因此，柴达木枸杞产业化必须要坚持市场导向和资源优势相结合，突出柴达木枸杞资源禀赋，提高内生比较优势，促使枸杞产业链条的延伸。通过科技创新、产品创新等有效手段，开发枸杞含片、口服液、软胶囊等系列保健产品；积极引进无果枸杞品种种植技术，开发无果枸杞芽茶和枸杞速冻鲜菜产品；培育新型科技生物制品，扩大市场规模，提高市场竞争力，实现枸杞深加工的规模化、产业化。

（4）加大宣传力度，打造知名品牌。柴达木枸杞的竞争力就是产品高品质、无污染。当一个新产品进入市场时，会面对重重障碍，产品的高品质往往是制胜的法宝，品牌是产品质量标志，通过品牌效应赢得市场，是竞争中的必要手段。柴达木独特的人文地理环境，是枸杞品牌形成的有利条件，使打造柴达木枸杞地域知名品牌成为可能。因此，根据波特（2003）的"地点竞争力"，加强柴达木枸杞的竞争优势，首先要制定品牌发展战略。柴达木枸杞品牌要凸显地域性、有机性，紧密结合高原传统文化，并要善于揭示枸杞产品潜质。在不断提高产品品质的基础上，加强市场宣传力度，紧密结合每年举办的"郁金香节""环湖赛"等大型活动，运用各种现代营销手段加大对外宣传，扩大产品的知名度，最终通过品牌优势赢得市场。

（5）提高枸杞产业的科技含量，努力造就科技人才。科学技术是第一生产力，只有将日新月异的现代科技引入到枸杞产品的开发中去，才能开发出新、特、优、稀的品种，也才能使资源优势转变成产品的内生优势。这就要求政府在产业的规划和布局中高起点、高技术，把技术创新贯穿于产业化的始终，积极搭建高校、生物研究院、企业联动式开发的平台，培育新型科技生物制品，扩大市场规模，提高市场竞争力，实现枸杞深加工的规模化、产业化。积极地培养和引进科技人才，要紧紧围绕枸杞产业发展的需要，确保已有实用目标技术的普及，进一步深化提供关键增产技术的普及率，提高深加工技术，依托资源优势和产业优势紧扣人才发展工作关键环节，构筑人才创业平台。以产业吸纳人才、集聚人才，加快培养造就一批善经营、会管理、熟悉国内外市场的优秀枸杞经营管理人才和具有业务一流水平的枸杞专业技术人才。另外，要加强对农户的技术培训，制定培训规划，实施培训工程，提高规模化种植农民的科技素质。

（6）加大招商引资力度，加速枸杞加工产业发展。柴达木枸杞现有的种植、加工规模已不能满足枸杞产业发展需求，各级政府应积极发挥宏观调控能力，以本地的实际出发，制定枸杞产业发展规划，将枸杞加工与后续产业项目列入青海省招商引资项目目录，吸引国内外有实力的农副产品加工企业来青海省投资建厂。要紧紧抓住产业转移的机遇，积极承接东部地区食品加工产业，吸收引进先进的技术和设备，提高枸杞产品的加工档次、质量和附加值。

第十二章 对策与政策建议

根据第四章、第五章实证研究结论和案例研究得出的启示，并结合第八章、第九章和第十章的理论研究结论，我们提出以下的对策和建议。

一、发展对策

（一）农户方面

实证研究发现，增加收入是农户愿意种植枸杞的直接原因，但柴达木地区种植枸杞的农户 80%来自库区移民，20%来自农业区的自发移民（户籍在原籍，每年 3 月到柴达木种枸杞，11 月回原籍），文化程度普遍较低，家庭规模基本维持在 3 人的水平，严重影响种植枸杞的技能和规模。虽然，近年来海西州专门组织专业人员不定期对种植户农民进行技术培训，但没有形成长效机制，原因是外来人员的长期流动没有产生技术积累效应，人员的流动使每年的培训基本维持在新增人员的种植、防虫、养护等浅层技术方面，造成政府的培训成本很高，但其收效甚微。为此，从枸杞种植的专业化和规模化要求出发，要充分考虑农户的微观因素。

（1）种植户及人员的稳定机制设计。积极创造条件为柴达木地区枸杞种植人员建立户籍制度、基本医疗制度和子女基础教育制度，由此建立规范的种植户土地管理和人员管理制度，成立枸杞种植户职业技能培训基地，使农村劳动力转移到枸杞种植中来。

（2）枸杞产业的发展，一方面体现于环境保护的发展，另一方面体现于种植户农民增加了收入。要结合农业扶贫政策、枸杞种植的基本建设、生态环境建设，扩大和建设枸杞种植面积，在连片地区进行行业协会组织下的"专业户示范片区"建设，由此产生周边种植户加入和参与的扩散效应。对种植面积较少，家庭劳力不足的农户，采取政府补贴、政策鼓励、产权激励等措施调动农户的积极性。

（3）通过采摘技术的创新，降低农户成本，提高收入。枸杞采摘现在是一大难题，每年的采摘农户都要雇人，花费的人工成本很高，在"公司+农户"模式下，鼓励企业投入研发资金，研制采摘技术，特别是采摘枸杞的工具和机器，由此降低采摘成本，实现产业链上种植技术、采摘技术、生产技术的贯通和技术的扩散效应，真正带动种植户农民增产、增收。

（二）种植方面

（1）加强种植基地的基础设施建设，是柴达木枸杞产业化的基础。柴达木地区干旱、少雨，日晒时间长，水分蒸发比较快，水资源缺乏。而枸杞在种植过程中年浇水平均 9～10 次，由于传统的操作技术，水浪费严重。例如，诺木洪农场每年在浇水期都会发生械斗事件。科学地实施滴灌技术是解决这一问题的最好方法。在调研中发现，在柴达木的诺木洪农场，来承包种植枸杞的大多数是外来人口，他们就像候鸟，春来冬回，究其根本原因，居住环境差，每年到 11 月就开始停电、停水。劳动力是经济发展的主要生产力，安居才能乐业，安居环境的建设是枸杞产业化的重要构成因素。加快枸杞产业的发展，首先要完善枸杞种植基地基础设施的建设，各级政府结合各种项目资金，努力打造完善的投资环境，为柴达木枸杞产业化奠定坚实的基础。

（2）迅速建立枸杞的种植苗繁育基地，加速枸杞的规模化种植。柴达木地区还没有建立枸杞种植苗繁育基地，更谈不上自己的枸杞品种。目前，主要引进"宁杞一号"进行种植，品种良莠不齐，成活率低、品质差、产量低，给种植户带来了一定的经济损失，严重影响了种植户的积极性，制约了枸杞的规模化种植。依据《海西州农牧业产业化发展"十一五"规划》，柴达木枸杞种植面积在 2015年达到了 30 万亩，在今后的 5 年间，要新增枸杞种植面积约 15 万亩，需要枸杞种植苗约 2750～3300 万株，枸杞种植苗基地的建设迫在眉睫。因此，为了稳步扩大种植面积，完成规划种植任务，需要政府和企业出面，尽快建立枸杞种植苗繁育基地。

（3）政府推动与市场导向相结合，实现种植规模化。柴达木枸杞种植面积近两年突破了 30 万亩，这主要取决于政府的推动。调研中发现，枸杞的滞销问题比较突出。格尔木市大格勒乡的枸杞滞销，给当地农民生活造成一定的困难。因此，政府的推动必须与市场相结合，积极引进和培育有实力的企业，大力发展订单农业，积极吸取宁夏、新疆等枸杞种植地的经验，按照市场的需求，结合政府规划，有步骤地扩大枸杞的种植面积，同时，应充分考虑到农户利益，解决好产前、产中、产后的矛盾与困难，激发农户的种植积极性。

（4）加大对种植人员的培训，推动标准化生产。柴达木枸杞的大规模种植是近两年才开始的，面对种植结构的调整，农民原有的经验和技术已被淘汰，迫切需要枸杞的种植技术。政府要加大枸杞种植技术的培训和现场指导，并且要站在对外出口角度上，普及枸杞无公害、标准化生产管理技术，搞好无公害枸杞产地和产品的认定、认证工作，不断完善枸杞生产技术规程、质量标准和质量检测体系，示范推广枸杞绿色食品、有机食品生产技术，扩大枸杞绿色食品、有机食品生产规模，全面提升柴达木枸杞质量。

（三）加工方面

（1）引进和培育龙头企业，延伸加工链条。龙头企业是实行产业化的原动力，是政府推进产业化的切入点，是农户参与产业化的实现形式。在引进和培育龙头企业时，必须坚持走专业化、规模化、标准化的路子，积极引导、多方协调、规范管理、严格审查。政府务必要做到以下几点。第一，为了避免低水平的重复建设，龙头企业新上的加工项目要采用具有一定先进水平的设备和技术，主导产品必须突出。第二，企业的市场定位高。随着枸杞出口的增加，从一开始力求引进把企业发展定向于外向型、市场拓展能力强的企业。第三，有较强的盈利能力，在引进时要有严格的审计制度，严防没有盈利能力的企业进入。第四，积极引进具有自主创新力的企业，这类企业的市场竞争力强，带动性显著。第五，引进和培育规模较大的龙头企业，没有规模就没有效益，没有规模也就不可能形成真正的竞争力，要通过创造宽松的环境、鼓励龙头企业低成本扩张、促进资产重组等措施，培植一批规模较大的龙头企业。

（2）采用灵活的机制，改造现有的企业，提高市场的竞争力。充分发挥现有重点龙头企业的积极性，通过合作、合资、控股经营等方式，整合科技、经济资源，组建企业集团，扩大经营规模，并采取优惠政策扶持发展，不断提高枸杞产业的整体实力和凸显市场竞争力。

（四）销售方面

（1）大力发展合作组织，架起市场与农户沟通的桥梁。合作组织是农户与市场间的桥梁和纽带，是目前市场经济条件下调节市场与农户之间利益关系的重要的力量和途径。合作组织的发展，可以有效地维护企业和农民的合法权益。在当前情况下，一家一户直接面对市场已不符合发展的需要，柴达木的枸杞产业迫切需要各种各样的合作组织。政府积极发挥自己的职能作用，引导龙头企业、专业大户、农村经纪人、农民协会等各种合作组织，并在实践中不断完善和规范，形成具有一定规模的中介组织群。

（2）培育完善的市场体系，拓宽产品的销售渠道。完善的市场体系是农业产业化快速发展的催化剂，政府的宏观调控能力决定了市场体系的建立完善程度。目前，一般都实施龙头企业带动战略，大力推行"龙头企业＋基地＋农户"的经营模式，加强龙头企业与农户的利益联合机制，建立和完善市场体系。因此，必须制定优惠政策，利用各种媒体大力宣传，吸引不同经济成分的投资者到柴达木发展枸杞加工企业，达到共同发展、互盈互利的目的。在此基础上，进一步拓展企业与农户生产的产品流通空间，建立枸杞专业市场，鼓励具有经营能力的企业或个人到大中城市建立枸杞产品直销窗口，让企业和农民直接进入市场进行交易，改变过去只靠商贩单一的流通渠道，努力打造完善的市场体系。

（3）力求枸杞产品包装独特新颖，叫响"柴达木枸杞"地域品牌。积极改进枸杞产品包装材料、包装设计等技术，使枸杞分级包装技术自动化、系统化，产品包装设计人性化、艺术化，使柴达木枸杞包装达到高雅、独特、新颖。充分利用各种媒体网络宣传"柴达木枸杞"，扩大知名度，打出品牌，占据市场。

二、政策建议

（一）重视基础研究，保证技术和产品的源头创新

柴达木枸杞产业刚刚起步，存在着许多影响种植和深加工的技术问题，由于柴达木独特的地理位置和气候特征，许多关键技术，尤其是枸杞丰产栽培技术就不能完全照搬、借鉴宁夏、新疆等地成熟的技术，需要脚踏实地从源头进行研究，如优良品种繁育技术、病虫害综合防治技术、柴达木枸杞后续产品开发等系统技术。充分利用青海省科研院所，利用各种合作手段，积极促进技术与产品的源头创新。

（二）培育以企业为主体的技术创新体系，促进枸杞产业化进程

鼓励龙头企业与科研院所密切合作，在短时间里完成科研成果转化。海西州在农业和生物产业方面的科研力量相对薄弱，在枸杞种植基地建设中可以和青海省农林科学院等单位合作，在枸杞系列产品开发方面多与中国科学院西北高原生物研究所合作，利用这些单位已有的科研成果来带动和促进企业技术创新，提高枸杞产品开发的水平和速度，延伸枸杞产业链条。

（三）加大技术和人才引进力度，重视专业人才的培养

枸杞产业是技术与知识密集型产业，涉及的技术与知识领域广泛，因而在枸杞产业发展过程中，需要各方面的专业技术人才。科技与产业化人才对柴达木枸杞产业的发展起着至关重要的作用。在专业技术人才缺乏的现状下，建议学习外省的人才"柔性"引进政策，即"不求所有，只求所用"，在枸杞产业发展的初期和关键时期，大力引进人才，使产业稳步发展。另外，重视青海省和海西州本地的现有人才的培养，用切实可行的政策和待遇保护和奖励他们为家乡做出的贡献。

（四）改善投资环境，鼓励风险投资

由于研发周期长，所需经费较多，在枸杞产业发展的中期和后期，仅靠政府

的重视和企业的独立投资是不现实的，风险资金是世界范围内生物技术产业发展的主要资金来源。要吸引风险资金，就必须努力改善投资环境。

（五）开展国际合作交流，促进本地区技术与产品向国际化发展

经过宁夏、新疆、内蒙古等地区长期的枸杞种植、加工生产和国际贸易，枸杞产业不再是国内意义上的传统中药产业，而是已经上升到国际化水平的现代生物技术产业。因此，就必须密切关注国际发展动向，积极开展国际交流与合作，尤其是在枸杞种植基地建设方面，按照欧盟、北美等地区的相关要求，做好种植基地的有机认证和枸杞产品的相关认证，促进柴达木枸杞生物技术产业向国际化发展。要充分利用国际化的环境，扩大柴达木枸杞产业的技术领域和产品的应用领域，在较短的时间里提升枸杞产业水平和国际竞争力。在枸杞产品的流通领域，要加强相关产品在国际上销售存在的技术性贸易壁垒问题的研究，推动柴达木枸杞产业与国际接轨，利用柴达木枸杞产品的优良品质，以科学的方法、正规的渠道扩大青海枸杞在国际市场上的份额，带动整个枸杞产业链的健康发展。

（六）促进企业联合重组，将柴达木枸杞产业做大做强

目前，海西州从事枸杞种植、精深加工的国内外贸易的企业规模均相对较小，企业形不成规模化生产，这在一定程度上势必造成产品生产成本高、产品市场竞争力不强。此外，小而多的企业不仅对枸杞产业起不到促进作用，反而会因局部和小集团利益驱动，造成竞相压价或哄抬价格，造成枸杞产品市场的混乱。因此，在政府的宏观指导和协调下，促进企业联合重组是提高柴达木枸杞产业竞争力的必经之路。小企业的联合重组既能实现规模经济，还能增加抗风险能力。联合重组后的企业资金雄厚、技术开发能力加强，所以，在市场的竞争中竞争优势明显。

（七）柴达木枸杞产业链治理模式架构

一个产业的产业链越长，产业的价值再造就越高。对柴达木枸杞产业链而言，主要围绕柴达木特殊的枸杞资源优势，在枸杞资源型产业链中嵌进技术和市场两大因素，形成混合型产业链，由此创造枸杞产业化的优势，体现产业链的经济功能。

（1）产业链治理中资源、技术、市场的交互式模式。柴达木枸杞要形成产业化种植规模，因资源驱动型特征要求，柴达木枸杞必须依靠技术研发，增加产品的延伸价值。为此，治理中架构起核心企业为龙头、节点企业（农户）为依托；上游企业以"公司+基地+农户"模式，将技术和市场信息直接和种植农户形成共享，建立信任机制；下游企业依据龙头企业的技术研发和新产品，以"公司+市场+消费

者"模式，建立市场对上游企业的拉动型机制。

（2）董事会架构。核心企业以技术董事（一般情况下，主管技术研发的技术经理进入董事会）为核心，市场董事和其他董事为辅助，架构起董事会；节点企业按核心企业模式将次技术董事、次市场董事和其他董事为辅助，架构董事会，将董事会的决策功能真正体现在产品的研发方面。

（3）治理机制。首先，成立"政府+公司+农户"的治理协会，解决信息不对称情况下，利益主体的博弈纷争问题；其次，通过政府的政策引导、公司对农户的技术支持和风险担保、市场信息的传递和共享等，建立关系性治理机制；最后，通过区域间的效仿、不同区域间相关企业的合作来建立战略联盟关系。

（八）柴达木枸杞产业链治理路径

柴达木枸杞产业链的治理路径为"公平—信任—产业链治理"，出发点在于构建信息资源分配、信息渠道畅通下的信息公平和组织内上下级之间频繁互动的人际公平，促使人际信任的形成；在人际信任这一社会资本的牵引下，形成以沟通、交流、分工、合作为一体的协同治理和信任治理，实现产业链的稳定发展，体现柴达木枸杞产业链的经济功能和社会功能。

参 考 文 献

阿罗 K J. 2010. 社会选择与个人价值. 丁建锋译. 上海: 上海人民出版社: 122-123.

白振英. 2007. 内蒙古自治区牛奶优势产业带监测评价报告. 内蒙古农牧业厅, 8: 24.

波特 M E. 2003. 竞争论. 刘宁, 高登第, 李明轩译. 北京: 中信出版社: 23, 173, 181, 183, 188.

伯特 D. 2012. 供应管理. 何明珂译. 北京: 中国人民大学出版社: 239.

蔡金升. 2004. 黄河河套地区特色农业产业化研究. 北京: 中国农业出版社: 2.

曹文志. 1997. 试论农业产业化的支持系统. 经济研究参考, 5: 37.

柴军. 1997. 农业产业化的主要影响因素分析及指标体系的建立. 经济研究参考, 65: 40.

柴永煜, 杨晓阳, 赵串串, 等. 2007. 柴达木枸杞的营销策略与方式研究. 安徽农业科学, 29: 9439.

陈第华. 2009. 社会资本: 乡村协同治理过程中的变量. 重庆工商大学学报（社会科学版）, 2: 69-73.

陈多闻, 陈凡. 2007. 技术创新视阈下的农业产业化及其公共政策. 全球化视阈中的科技与社会——全国科技与社会（STS）学术年会（2007）论文集. 中国自然辩证法研究会、东北大学: 5.

陈吉元. 1996. 农业产业化: 市场经济下农业兴旺发达之路. 中国农村经济, 8: 6-10.

陈钦兰. 2007. 供应链中企业合作协同的战略因素研究. 山西财经大学学报, 3: 83-88.

陈清华, 王朝良. 2008. 宁夏枸杞产业发展优势和提升出口竞争力的对策. 农业现代化研究, 2: 151-154.

陈少强. 2009. 中国农业产业化研究. 北京: 经济科学出版社: 45, 116.

陈伟. 2013. 农业产业弱化问题及对策研究. 理论与当代, 2: 10-13.

程新章, 胡峰. 2006. 价值链治理模式与企业升级的路径选择. 商业经济与管理, 12: 24-29.

崔焕金. 2005. 煤炭企业的产业链延伸研究. 内蒙古煤炭经济, 5: 5-8.

德鲁克 P. 2006. 管理的实践. 齐若兰译. 北京: 机械工业出版社: 252.

登哈特 R B. 2003. 公共组织理论. 扶松茂, 丁力译. 北京: 中国人民大学出版社: 233.

邓娟, 李烨. 2010. 资源型企业产业链延伸的影响因素分析. 煤炭经济研究, 9: 18-20.

丁力. 1994. 农业产业化新论. 北京: 中国农业出版社: 98.

董广驰. 2004. 山东沂州水泥集团创建生态产业链. 中国建材, 2: 24.

费钟琳, 朱玲, 赵顺龙. 2010. 区域产业链治理内涵及治理措施——以连云港新材料产业链为例. 经济地理, 10: 1688-1692.

冯浩. 2008. 农业产业化组织形式与运行机制研究. 合肥: 安徽农业大学: 13.

冯久田. 2003. 鲁北企业集团发展生态工业产业链的实践与探索. 中国人口、资源与环境, 1: 112-114.

高鸿业. 2004. 西方经济学第三版（微观部分）. 北京: 中国人民大学出版社: 42, 147.

高磊. 2007. 宁夏枸杞产业化发展存在的问题及对策. 宁夏农林科技, 5: 70, 128-129.

高敏. 2006. 论农业产业化经营的特征及其发展机制. 乡镇经济, 8: 16-20.

郜娜. 2011. 新农村视域下的农业产业化问题研究. 哈尔滨: 东北林业大学: 23.

葛扬, 李晓蓉. 2003. 西方经济学说史. 南京: 南京大学出版社: 93, 144.

龚勤林. 2004. 产业链延伸的价格提升与研究. 价格理论与实践, 3: 33-34.

龚三乐. 2009. 全球价值链对嵌入企业技术进步的推动作用比较. 吉首大学学报（社会科学版）, 5: 69-74.

郭鸿剑. 2012. 七台河地区现代农业发展现状及影响因素分析. 商业经济, 20: 21-22.

郭辉, 沈宁东. 2009. 柴达木盆地产枸杞的资源状况及其栽培繁育研究进展. 青海师范大学学报（自然科学版）, 1: 62-66.

郭荣, 温淑萍. 2007. 宁夏中宁县枸杞产业化现状及发展建议. 甘肃农业, 11: 31-32.

海因斯 P, 拉明 R, 琼斯 D. 2011. 价值流管理: 供应链战略与优化, 施昌奎, 凌宁译. 北京: 经济管理出版社: 115-116.

何吉多, 田杰. 2008. 公共危机协同治理中的社会资本研究. 行政与法, 11: 31-33.

何水. 2013. 中国公共服务改革: 实践透视与路径探寻. 郑州大学学报（哲学社会科学版）, 6: 5-9.

何晓群. 2004. 多元统计分析. 北京: 中国人民大学出版社: 167-170.

赫希曼 A O. 1992. 经济发展战略. 曹征海, 潘照东译. 北京: 经济科学出版社: 152.

黄连贵, 张照新, 张涛. 2008. 我国农业产业化发展现状、成效及未来发展思路. 经济研究参考, 31: 23-33.

姜建红. 2012. 农业产业化发展的主要障碍分析. 东方企业文化, 17: 235.

姜剑超. 2008. 山东农业产业化发展研究及政策建议. 济南: 山东大学: 9.

蒋国俊, 蒋明新. 2004. 产业链理论及其稳定机制研究. 重庆大学学报, 1: 36-38.

康伟. 2008. 公共危机预防控制管理研究. 学术交流, 9: 48-50.

科斯 R H. 1990. 企业、市场与法律. 盛洪, 陈郁译. 上海: 上海三联书店: 27.

科斯 R H. 1999. 契约经济学. 李风圣译. 北京: 经济科学出版社: 97.

李建国, 焦恩宁, 安巍, 等. 2003. 试论宁夏枸杞经济的作用与产业化发展对策. 宁夏农业科技, 2: 46-47.

李静. 1996. 产业化: 农业发展的新课题——农业产业化问题研讨会综述. 中国农村经济, 8: 11-14, 21.

李强. 2008. 农业产业化影响因素的实证研究——基于安徽省 10 市（县）270 户农户的调研数据. 技术经济, 11: 66-72.

李俏. 2012. 农业社会化服务体系研究. 杨凌: 西北农林科技大学: 23.

李祥云. 1999. 精河枸杞面临挑战及迎战对策. 农村科技, 7: 19-20.

李心芹, 李仕明. 2004. 产业链的结构类型研究. 电子科学大学学报, 4: 60-63.

李臻荣. 2012. 我国农业产业化经营中的政府角色研究, 青岛: 中国海洋大学: 12.

梁荣. 1999. 我国农业产业化市场的现状与作用分析. 新东方, 5: 80-85.

凌鸿, 袁伟, 胥正川, 等. 2006. 企业供应链协同影响因素研究. 物流科技, 3: 92-96.

刘大可. 2001. 产业链中企业与其供应商的权利关系分析. 江苏社会科学, 3: 21-24.

刘刚. 2005. 基于产业链的知识转移与创新结构研究. 商业经济与管理, 11: 13-17.

刘佳雨. 2008. 看荷兰花卉产业如何取得成功. 国外农业, 1: 27.

刘扬. 2000. 经济政策变动对农业产业化影响的模拟分析. 北京: 中国农业大学: 32.

龙方. 1996. 农业产业化指标体系研究. 农业经济问题, 7: 45-49.

陆远权, 牟小琴. 2010. 协同治理理论视角下公共危机治理探析. 沈阳大学学报, 5: 105-107.

马得存. 2010. 青海柴达木枸杞产业化问题研究. 经济师, 3: 236-237.

马士华, 黄焜, 何媛媛. 2011. 基于 Supply-hub 运作模式的供应商协同补货策略研究. 管理工程学报, 1: 26-33.

马歇尔 A. 2009. 经济学原理. 朱志泰, 陈良璧译. 北京: 人民日报出版社: 68.

马新安, 张列平, 田澎. 2001. 供应链中的信息共享激励: 动态模型. 中国管理科学, 1: 19-24.

毛圆圆. 2012. 我国农业产业化发展对农民增收的影响研究. 湘潭: 湖南科技大学: 23.

蒙永亨, 文明礼. 2012. 农户专业化能力对专业化水平影响的实证分析——两广欠发达地区比较研究. 广西师范大学学报, 3: 41-45.

明燕飞, 卿艳艳. 2010. 公共危机协同治理下政府与媒体关系的构建. 求索, 6: 76-77, 55.

倪宏存. 2000. 谈新时期农业产业化经营的相关问题. 中国科学技术协会: 1.

宁宝仁, 李人. 2008. 宁夏枸杞产业谱写升级新篇章. 中国质量万里行, （9）: 48-49.

牛若峰. 1998. 农业产业一体化经营的理论与实践. 北京: 中国科技出版社: 46.

牛若峰, 夏英. 2000. 农业产业化经营的组织方式和运行机制. 北京: 北京大学出版社: 6.

欧黎明, 朱秦. 2009. 社会协同治理: 信任关系与平台建设. 中国行政管理, 5: 118-121.

潘豪. 2010. 价值链治理模式及其拓展研究. 科技和产业, 8: 71-73.

潘梦阳. 2004. 火红产业与绿色生态. 市场经济研究, 5: 1.

彭熠, 和丕禅, 邵桂荣. 2005. 农业产业化龙头企业建设——一个发展极理论视野中的观点. 浙江大学学报（人文社会科学版）, 6: 97-104.

祁彦斌. 2003. 宁夏枸杞产业化发展调查及税收前景预测——兼谈"宁夏枸杞"、"宁夏红"等品牌的培育与提升. 宁夏社会科学, 6: 48-50.

芮明杰. 2004. 论产业链整合. 上海: 复旦大学出版社: 65.

沙勇忠, 解志元. 2010. 论公共危机的协同治理. 中国行政管理, 4: 73-77.

施蒂格勒 G J. 2010. 分工受市场范围的限制. 北京: 商务印书馆: 388.

宋长冰. 2001. 枸杞产业现状及前景. 中国林副特产, 8: 32-33.

孙发锋. 2010. 垂直管理部门与地方政府关系中存在的问题及解决思路. 河南师范大学学报（哲学社会科学版）, 1: 63-66.

孙新章, 成升魁. 2005. 基于农户调查资料的区域农业产业化进程评价. 资源科学, 1: 74-79.

孙泽昭, 孟玉江, 黄乐珊, 等. 2006. 新疆棉花产业高速发展中的问题、潜力及其对策分析. 新疆农业科学, 3: 42-45.

唐正鸿. 2004. 农业产业化发展的"瓶颈"与对策. 创造, 9: 17-18.

汪小平. 2007. 农业专业大户技术进步的实证分析——基于荆州市 520 户农业专业大户的调查. 科技进步与对策, 7: 47-50.

汪延明. 2014. 区域产业链信任治理——以青藏地区旅游业为例的研究. 经济管理, 3: 29-39.

汪泽宇. 2004. 关于新疆棉花产业产业化发展现状调查报. 江西棉花, 2: 8-10.

王厚俊. 2003. 农业产业化经营理论与实践. 北京: 中国农业出版社: 65.

王凯, 颜加勇. 2004. 中国农业产业链的组织形式研究. 现代经济探讨, 11: 28-32.

王西玉. 1997. 重新认识合作经济在农业产业化进程中的地位和作用. 中国农村经济, 11: 15-20.

王晓文, 田新, 李铠. 2009. 供应链治理结构的影响因素分析. 软科学, 7: 46-56.

王友云. 2014. 贫困地区农业产业链延伸问题与路径探讨——以石阡县茶产业为例. 经济研究导刊, 13: 25-27.

王兆华, 尹建华, 武春友. 2003. 生态工业园中的生态产业链结构模型研究. 中国软科学, 10: 148-152.

韦尔奇 J. 2013. 赢. 余江译. 北京: 中信出版社: 159.

吴广生, 唐慧锋, 李瑞鹏. 2008. 宁夏枸杞在青海的发展现状. 宁夏农林科技, 2: 62.

吴海平, 宣国良. 2002. 价值网络的本质及其竞争优势. 经济管理, 24: 11-17.

吴金明. 2006. 产业链形成机制研究——"4+4+4"模型. 中国工业经济, 4: 36-43.

吴平. 2003. 供应链治理结构研究. 工业技术经济, 2: 84-88.

吴群, 钟钰. 2004. 农业产业化市场建设的内涵及对策建议. 贵州财经学院学报, 5: 45-48.

吴育华, 赵强, 王初. 2002. 基于多人合作理论的供应链库存利益分配机制研究. 中国管理科学, 6: 45-48.

吴志雄, 毕美家, 刘惠, 等. 2002. 论农业产业化. 北京: 中国社会出版社: 93.

向琳, 李季刚. 2010. 中国农业产业化效率及其影响因素. 长安大学学报（社会科学版）, 3: 77-81.

肖芬, 刘西林, 王军. 2009. 煤炭矿区产业链延伸影响因素的实证研究. 软科学, 1: 61-64.

徐鸿伟. 2000. 柴达木盆地生态环境综合治理工程启动. 陕西日报（第4版）: 7.

徐建军. 2005. 新疆精河县枸杞产业化建设研究. 武汉: 华中农业大学.

徐健, 汪旭晖. 2009. 订单农业及其组织模式对农户收入影响的实证分析. 中国农村经济, 7: 39-47.

徐小怡. 2002. 论我国农业产业化经营的理论与实践. 西安: 陕西师范大学: 17.

徐祖荣. 2011. 社会管理创新范式: 协同治理中的社会组织参与. 中国井冈山干部学院学报, 3: 106-111.

许伟. 2007. 用农业产业化引领现代农业发展. 农村经营管理, 11: 13-16.

许毅. 2003. 三农问题研究. 北京: 经济出版社: 62.

杨明洪, 孙继琼. 2008. 农业产业化发展的空间分布与影响因素分析——以农业产业化国家重点龙头企业为例. 财经科学, 7: 103-110.

杨清华. 2011. 协同治理与公民参与的逻辑同构与实现理路. 北京工业大学学报（社会科学版）, 2: 46-50, 70.

杨文钰. 2005. 农业产业化概论. 北京: 高等教育出版社: 57.

银守钰. 1994. 对贫困地区农业产业化问题的思考. 甘肃农业, 4: 12-14.

尹琦, 肖正扬. 2002. 生态产业链的概念与应用. 环境科学, 6: 114-118.

于立宏, 郁义鸿. 2010. 纵向结构特性与电煤价格形成机制研究. 中国工业经济, 3: 66-75.

于同申. 2002. 发展经济学. 北京: 中国人民大学出版社: 86, 315.

喻红丹. 2004. 论贫困地区农业产业化的障碍与对策. 湖北社会科学, 10: 109-110.

占俊英, 方齐云. 2006. 中国农村走势——农业产业组织及技术进步与农业剩余劳动力转移. 北京: 中国经济出版社: 114-152.

张成华. 2008. 中国农业产业化与农业科技政策研究. 南昌: 南昌大学: 11.

张德强, 董晓芳. 2005. 宁夏枸杞的竞争力分析及其提高途径. 农业科学研究, 12: 83-86, 94.

张洪武. 2006. 非营利组织：社区建设的重要平台和依托. 中共天津市委党校学报, 2: 69-73.

张开华. 1997. 试论农业产业化的一般规律及政策导向. 中南财经大学学报, 6: 50-53.

张雷. 2007. 产业链纵向关系治理模式研究：对中国汽车产业链的实证分析. 上海: 复旦大学: 97-99.

张嬝, 方天堃. 2009. 农村人力资本积累指标评价——基于主成分分析法. 农机化研究, 12: 27-30.

张立荣, 冷向明. 2008. 协同治理与我国公共危机管理模式创新——基于协同理论的视角. 华中师范大学学报（人文社会科学版）, 2: 11-19.

张明林. 2006. 农业产业化进程中产业链成长机制研究. 南昌: 南昌大学: 15.

张鹏忠, 王新江, 托乎提. 2008. 新疆棉花产业发展现状、存在问题及对策建议. 新疆农业科学, 45: 174-176.

张平. 2000. 新疆枸杞产业化问题研究. 新疆财经, 5: 34-37.

张若琳, 连丽霞. 2012. 影响中国创意农业发展的主要因素分析. 山东农业大学学报（自然科学版）, 1: 105-109.

张守凤. 2009. 推进农业产业化经营促进现代农业建设. 农业与技术, 4: 15-16.

张霞. 2008. 农产品加工产业集群发展研究. 武汉: 华中农业大学: 14.

张学忠, 张洪艳. 2008. 加快农业产业化进程全面实现小康社会. 吉林农业, 3: 6-7.

张玉梅, 梁要春, 陈松, 等. 2006. 从品牌的角度分析中宁枸杞市场竞争力. 安徽农业科学, 8: 1550, 1607.

赵凯, 毕影, 魏珊. 2013. 农户加入不同农业产业化经营模式意愿的影响因素分析. 华中农业大学学报（社会科学版）, 3: 53-58.

赵良平, 黄正秋. 2001. 荷兰花卉业发展的成功经验及其借鉴. 林业经济, 7: 39-44.

赵世华. 2005. 宁夏枸杞产业进入发展高速路. 中国林业产业, 11: 42-44.

赵新居. 2001. 对新疆枸杞农业资源产业化发展的思考. 新疆广播电视大学学报（哲学·人文社会科学汉文版）, 4: 11-15.

郑恒峰. 2009. 协同治理视野下我国政府公共服务供给机制创新研究. 理论研究, 4: 25-28.

郑巧, 肖文涛. 2008. 协同治理：服务型政府的治道逻辑. 中国行政管理, 7: 48-53.

郑也夫. 2006. 信任论. 北京：中国广播影视出版社: 122.

周新生. 2006. 产业链与产业链打造. 广东社会科学, 4: 30-36.

朱纪华. 2010. 协同治理：新时期我国公共管理范式的创新与路径. 上海市经济管理干部学院学报, 1: 5-10.

朱蕊. 2012. 基于价值网的物联网产业链协同研究. 南京: 南京邮电大学: 6.

Alfred D C. 1973. Decision making and modern institutional change. The Journal of Economic History, 33（1）: 243.

Ba S, Pavlou P A. 2002. Evidence of the effect of trust building technology in electronic markets: price premiums and buyer behavior. MIS Quarterly, 3: 243-268.

Barnes S D, Bassok Y, Anupindi R. 2002. Coordination and flexibility in supply contracts with options. Informs, 4（4）: 3.

Bradach J L, Eccles R G. 1989. Price, authority, and trust: from ideal types to plural forms. Annual Review of Sociology, 15: 97-118.

Cachon G P. 1999. Capacity choice and allocation: strategic behavior and supply chain performance. Management Science, 8: 1091-1108.

Christopher M. 1992. Logistics and Supply Chain Management. London: Pitman Publishing: 137-138.

Cooper C L. 1994. Evaluating EAPs. Personnel Review, 7: 76-92.

Dickson G W. 1966. An analysis of vendor selection systems and decision. Journal of Purchasing, 1: 5-17.

Douglas M L, Janus D P. 1997. Supply chain management: more than a new name for logistics. The International Journal of Logistics Management, 1: 37-62.

Ellram L M. 2000. Supply management for value enhancement. Ism Knowledge Series, 3: 155.

Gaedeke R M, Tootelian D H. 1976. The fortune 500 list: an endangered species for academic research. Journal of Business Research, 2: 283-288.

Gereffi G. 1999. International trade and industrial upgrading in the apparel commodity chain. Journal of International Economics, 48: 37-70.

Harrison D. 1993. Who wins and who loses from economic instruments? OECD Observer, 180: 133-162.

Harvey L. 1983. Property rights and X-efficiency: comment. American Economic Review, 83: 831-842.

Hu L T, Bentler P M. 1995. Evaluation model fit//Hoyle R H. Structural equation modeling: concepts, issues, and applications. Stage: Thousand Oaks: 76-99.

Hu L T, Bentler P M. 1999. Cutoff criteria for fit indexes in covariance. Structural Equation Modeling, 1: 1-55.

Humphrey J, Schmitz H. 2000. Governance and upgrading: linking industrial cluster and global value chain research. Brighton: Institute of Development Studies, University of Sussex: 74.

Humphrey J, Schmitz H. 2002. How does insertion in global value chain effect upgrading in industrial clusters? Regional Studies, 36: 1017-1027.

James L, Mulaik S, Breet J. 1982. Causal Analysis: Assumption, Models and Data. Stage Publication: Beverly Hills: 121-125.

Johnson J C, Wood D F. 1996. Contemporary Logistics. Prentice Hall: Upper Saddle River: 132-133.

Kaplinsky R, Morris M. 2000. A handbook for value chain research. Brighton: University Sussex: 66-76.

Kogut, B. 1985. Designing global strategies: comparative and competitive value-added chains. Sloan Management Review, 26: 15-28.

Kohli R. 2003. Performance impacts of information technology: is actual usage the missing link? Management science, 3: 273-289.

Lane C, Bachmann R. 2001. Trust within and between Organization: Conceptual Issues and Empirical Applications. Oxford: Oxford University Press: 237-238.

Lariviere M A, Padmanabhan V. 1997. Allowances and new product introduction. Journal of Public Policy & Marketing, 6: 112-128.

Larsen T. 1999. Supply chain management: a new challenge for researchers and managers in logistics. International Journal of Logistics Management, 2: 41-53.

Larson C F. 1992. Critical success factors for R & D leaders. Research Technology Management, 6: 19-42.

Lee H L. 2000. The bullwhip effect in supply chains. Sloan Management Review, 3: 142-135.

Loehlin J C. 1992. Latent Variable Model: An Introduction to Factor, Path, and Structural Analysis. 2nd ed. Hillsdale: Lawrence Erlbaum Associates: 133-137.

Lorenz P. 1995. Diffusion and role of the chief technology officer among german corporations. Technology and innovation management. Hamburg: Hamburg University of Technology: 92-121.

Mishara D P, Heide J B, Cort S G. 1998. Information asymmetry and levels of agency relationships. Journal of Marketing Research, 3: 277-295.

Monczka R, Peterson K, Handfield R, et al. 1998. Determinants of successful vs nonsuccesssful strategic supplier alliances. Decision Sciences, 3: 553-577.

Parkhe A. 2000. The structure of optimal trust. Academy of Management Review, 1: 10-21.

Pasternack B A. 1985. Optimal pricing and returns policies for perishable commodities. Marketing Serene, 2: 166-176.

Paul B. 2005. Trusting virtual trust. Ethics and Information Technology, 7: 167-180.

Pavlou P A. 2005. Does online reputation matter? An empirical investigation of reputation and trust in online auction markets. Long Beach: Proceedings of the 6th American Conference in information Systems: 3-5.

Ponte S, Gibbon P. 2005. Quality standards, convictions and the governance of global value chains. Economy and Society, 34: 1-31.

Porter M E. 1990. The Competitive Advantage of Nations. New York: Free Press: 212.

Powell W W. 1990. Neither Market nor Hierarchy. Greenwich: JAI Press: 219.

Ragats. 1997. Success factors for integrating suppliers into new Product development. Journal of Product Innovation Management, 14: 190-202.

Richardson G B. 1972. The organization of industry. Economics Journal, 82: 883-896.

Rindfleisch A, Heide J B. 1997. Transaction cost analysis: past, present, and future applications. Journal of Marketing, 61: 30-54.

Stalk G, Hout T. 1990. Competing against Time. New York: Free Press: 175-192.

Steiger J H. 1989. EzPATH: A Supplementary Model for SYSTAT and SYSGRAPH (Computer Program). Evanston: SYSTAT: 135.

Stevens G C. 1989a. Successful supply chian management. Management Decision, 8: 122-138.

Stevens G C. 1989b. The latitudinal gradient in geographical range—How so many species coexist in the tropics. American Naturalist, 133: 240-256.

Taylor T. 2001. Channel coordination under price production, midlife returns and end-of-life returns in dynamic markets. Management Science, 9: 1220-1234.

Uzzi B. 1996. Social structure and competition in interfirm networks: the paradox of embeddedness. Adminstrative Science Quarterly, 42: 35-67.

Walker G, Poppo L. 1990. Transaction costs in organization and markets. Philadelphia: University of Pennsylvania: 44-49.

Weng Z K. 1995. Channel coordination and quantity discounts. Management Science, 4: 1509-1522.

Williamson O E. 1964. The Economics Discretionary Behavior: Managerial Objectives in a Theory of the Firm. Englewood Cliffs: Prentice Hall: 131.

Williamson O E. 1985. The Economic Institutions of Capitalism: Firm, Markets, Relational Contracting. New York: Free Press: 123-128.

Yang X K, Borland J. 1991. A micro-economic mechanism for economic growth. Journal of Politics, 99（3）: 132.

Zucker L G. 1986. Production of Trust: Institutional Sources of Economic Structure: 1840-1920. Greenwich: JAI Press: 195.

附　　录

柴达木枸杞产业化问卷调研表

一、情况介绍

　　近年来，青海省海西州大力发展枸杞产业，使柴达木枸杞种植面积迅速扩大。现已形成规模化种植，促使了柴达木枸杞必定走产业化之路，并在各级政府的大力倡导和组织下，柴达木枸杞产业化根据已制定的规划开始启动。在此背景下，根据柴达木枸杞产业化已面临和即将面临的主要问题，旨在积极探求柴达木枸杞在产业化过程中科学、合理、生态的发展之路。为完成研究任务，我们设计了本问卷。对问卷得到的信息我们严格保密，这些信息只服务于柴达木枸杞产业化研究，除此之外绝不会将其用于其他用途。非常期望得到您的支持，在此致以深深的谢意！

二、调研对象的基本信息

编号	问卷填写日期
单位（个人）名称	地址
您在该处的工作年限	籍贯
文化程度	年龄
性别	答题时间

三、填写说明及调研问卷

　　填写的问题分为变量、测试语句和打分三项。变量表示本书的测试项目；测试语句主要反映对被测项的直观表达；数字 1、2、3、4、5 是对测试语句的认同进行量化的值，1 表示很不认同、2 表示不认同、3 表示基本认同、4 表示认同、5 表示很认同。请根据您对变量和测试语句的判断，在每项后面的分值中打分（在选定的分值上打"√"）。

变量	测量语句	打分
农户年龄结构	18～25 岁	是：1（　）　否：0（　）
	26～35 岁	是：1（　）　否：0（　）
	36～45 岁	是：1（　）　否：0（　）
	46～55 岁	是：1（　）　否：0（　）
	56～60 岁（及 60 岁以上）	是：1（　）　否：0（　）
农户性别比例	男性占 50%以上	是：1（　）　否：0（　）
	女性占 50%以上	是：1（　）　否：0（　）
家庭规模/人	1	是：1（　）　否：0（　）
	2	是：1（　）　否：0（　）
	3	是：1（　）　否：0（　）
	4	是：1（　）　否：0（　）
	大于 4	是：1（　）　否：0（　）
户主的文化程度	文盲	是：1（　）　否：0（　）
	小学文化程度	是：1（　）　否：0（　）
	初中文化程度	是：1（　）　否：0（　）
	高中文化程度	是：1（　）　否：0（　）
	大学文化程度	是：1（　）　否：0（　）
家庭收入	1 万元以下	是：1（　）　否：0（　）
	1 万～3 万元	是：1（　）　否：0（　）
	30 001～5 万元	是：1（　）　否：0（　）
	50 001～8 万元	是：1（　）　否：0（　）
	8 万元以上	是：1（　）　否：0（　）
农户的专业化程度	农户的专业化意识	1（　）　2（　）　3（　）　4（　）　5（　）
	专业化种植	1（　）　2（　）　3（　）　4（　）　5（　）
	专业化田间管理	1（　）　2（　）　3（　）　4（　）　5（　）
	专业化采摘	1（　）　2（　）　3（　）　4（　）　5（　）
	采用专业化科学技术	1（　）　2（　）　3（　）　4（　）　5（　）
农户生产的意愿	农户能够想法扩大生产规模	1（　）　2（　）　3（　）　4（　）　5（　）
	农户积极与加工企业进行沟通	1（　）　2（　）　3（　）　4（　）　5（　）
	农户自发引进苗木	1（　）　2（　）　3（　）　4（　）　5（　）
	农户积极参加技术培训	1（　）　2（　）　3（　）　4（　）　5（　）
	农户积极服从政策引导	1（　）　2（　）　3（　）　4（　）　5（　）

变量	测量语句	打分				
农户对产业合同的遵守程度	农户在一般情况下能够履行和公司签订的合同条款	1（ ）	2（ ）	3（ ）	4（ ）	5（ ）
	市场价格上升的情况下逃避合同规定，而将枸杞转卖给小商小贩	1（ ）	2（ ）	3（ ）	4（ ）	5（ ）
	企业服务不到位的情况下一般不遵守合同	1（ ）	2（ ）	3（ ）	4（ ）	5（ ）
农户种植成本	购买化肥成本较高	1（ ）	2（ ）	3（ ）	4（ ）	5（ ）
	田间管理成本较高	1（ ）	2（ ）	3（ ）	4（ ）	5（ ）
	雇佣采摘人员成本较高	1（ ）	2（ ）	3（ ）	4（ ）	5（ ）
农户家庭种植土地面积/亩	20～29	是：1（ ）	否：0（ ）			
	30～39	是：1（ ）	否：0（ ）			
	40～49	是：1（ ）	否：0（ ）			
	50～59	是：1（ ）	否：0（ ）			
	60～69	是：1（ ）	否：0（ ）			
	70～79	是：1（ ）	否：0（ ）			
	80～89	是：1（ ）	否：0（ ）			
	90～100	是：1（ ）	否：0（ ）			
	大于100	是：1（ ）	否：0（ ）			
龙头企业的发展程度	企业有很好的经营理念	1（ ）	2（ ）	3（ ）	4（ ）	5（ ）
	企业的带动效应强	1（ ）	2（ ）	3（ ）	4（ ）	5（ ）
	企业的资金雄厚	1（ ）	2（ ）	3（ ）	4（ ）	5（ ）
	企业创新能力强	1（ ）	2（ ）	3（ ）	4（ ）	5（ ）
	企业的规模大	1（ ）	2（ ）	3（ ）	4（ ）	5（ ）
	企业开拓市场的能力强	1（ ）	2（ ）	3（ ）	4（ ）	5（ ）
	企业的诚信度高	1（ ）	2（ ）	3（ ）	4（ ）	5（ ）
企业对农户的技术服务的程度	龙头企业每年定期为农户进行种植技术培训	1（ ）	2（ ）	3（ ）	4（ ）	5（ ）
	龙头企业为农户提供干果加工技术	1（ ）	2（ ）	3（ ）	4（ ）	5（ ）
	龙头企业提供不可抗力因素发生时的技术支持	1（ ）	2（ ）	3（ ）	4（ ）	5（ ）
企业与农户的信息交流程度	龙头企业与农户信息交流的次数较多	1（ ）	2（ ）	3（ ）	4（ ）	5（ ）
	龙头企业与农户交流的信息量大	1（ ）	2（ ）	3（ ）	4（ ）	5（ ）
	龙头企业与农户信息交流的质量高	1（ ）	2（ ）	3（ ）	4（ ）	5（ ）

变量	测量语句	打分
地方政府对劳动力的农业技能培训和服务频数	地方政府每年能够集中对人员的种植技术进行培训	1（ ）　2（ ）　3（ ）　4（ ）　5（ ）
	地方政府每年能够集中对人员的田间管理技术进行培训	1（ ）　2（ ）　3（ ）　4（ ）　5（ ）
	每年进行采摘技术培训	1（ ）　2（ ）　3（ ）　4（ ）　5（ ）
	培训次数较多	1（ ）　2（ ）　3（ ）　4（ ）　5（ ）
	培训形式多样	1（ ）　2（ ）　3（ ）　4（ ）　5（ ）
政府在农户规模化经营中的政策引导	政府的价格政策较好	1（ ）　2（ ）　3（ ）　4（ ）　5（ ）
	政府的税收鼓励政策较好	1（ ）　2（ ）　3（ ）　4（ ）　5（ ）
	信贷政策较好	1（ ）　2（ ）　3（ ）　4（ ）　5（ ）
政府为形成产业的商业机会做出的努力程度	政府能够组织投资商加盟该产业的开发	1（ ）　2（ ）　3（ ）　4（ ）　5（ ）
	政府能够利用宣传工具加大枸杞产业的宣传力度	1（ ）　2（ ）　3（ ）　4（ ）　5（ ）
	政府能够积极投入到产业的市场开发和建设中	1（ ）　2（ ）　3（ ）　4（ ）　5（ ）
	政府成立了专门的管理机构	1（ ）　2（ ）　3（ ）　4（ ）　5（ ）
政府在该产业做出的企业布局合理程度	政府积极扶持龙头企业	1（ ）　2（ ）　3（ ）　4（ ）　5（ ）
	政府在枸杞产业链架构中对中小企业给予优惠政策	1（ ）　2（ ）　3（ ）　4（ ）　5（ ）
	政府营造了良好的竞争环境	1（ ）　2（ ）　3（ ）　4（ ）　5（ ）
	政府努力打造生态生产模式	1（ ）　2（ ）　3（ ）　4（ ）　5（ ）
	政府鼓励企业的创新投资	1（ ）　2（ ）　3（ ）　4（ ）　5（ ）
农产品加工的现代化程度	有特色鲜明的加工基地	1（ ）　2（ ）　3（ ）　4（ ）　5（ ）
	有现代化的加工设备	1（ ）　2（ ）　3（ ）　4（ ）　5（ ）
	有一批现代化加工生产队伍	1（ ）　2（ ）　3（ ）　4（ ）　5（ ）
市场机制的建立和完善程度	有良好的市场营销平台	1（ ）　2（ ）　3（ ）　4（ ）　5（ ）
	有良好的市场信息网络	1（ ）　2（ ）　3（ ）　4（ ）　5（ ）
	市场环境良好	1（ ）　2（ ）　3（ ）　4（ ）　5（ ）
	有良好的市场法制保障体系	1（ ）　2（ ）　3（ ）　4（ ）　5（ ）
产业技术创新的程度	拥有一批高新枸杞生产技术的小企业	1（ ）　2（ ）　3（ ）　4（ ）　5（ ）
	新技术企业孵化器效应较强	1（ ）　2（ ）　3（ ）　4（ ）　5（ ）
	龙头企业的技术外溢效应较强	1（ ）　2（ ）　3（ ）　4（ ）　5（ ）

后　　记

本书在已完成的青海省社会科学基金项目"柴达木枸杞产业化研究"报告的基础上，添加了作者长期研究产业链治理的一些理论成果。写作过程中采用的实证数据完全来自项目支持下的第一手资料。在此，感谢青海省社会科学基金项目的大力支持。

本书的第一章、第二章、第三章、第六章、第七章由现任贵州财经大学图书馆马得存完成。第四章、第五章、第八章、第九章、第十章、第十二章由贵州财经大学经济学院汪延明完成。

完成此书，本来是一件值得庆幸的事情，然而，中国经济正处新常态，新一轮产业结构调整在"绿色化"思想感召下，在中华大地如火如荼展开。作为特色农业，特别是民族地区山地特色农产品如何借助"互联网+"，从大山深处走向海内外，叫响品牌，解决民族地区的反贫困问题；如何延伸山地特色农产品产业链，在增加高附加值的情况下，市场的倒逼机制使更多农民享受市场溢价；如何化解稀缺性特色农产品开发与农民富裕之间的深层次矛盾问题；如何让农民在"公司+农户"的模式中跳出不对称纳什谈判，获得更多的谈判筹码……诸多问题，思考良久，偿未付梓，压力倍增。

本书的出版，得到贵州财经大学应用经济学学科建设基金的支持，在此表示深深的谢意！

本书在写作过程中还得到贵州财经大学经济学院公司治理与产业链治理研究中心李家凯博士、王太盈博士、王智慧博士提供的中肯意见和建议，同时本人的研究生周怡、何容在文字、表格、目录、章节修改等方面给予了大量的帮助。在此一并表示感谢。

本书在写作中难免出现小遗漏，望广大同仁批评指正。

汪延明　马得存

2017 年 5 月 12 日

于贵阳花溪大学城财大博园